Japanisch-Deutsches
Wörterbuch für Iaidō

居合道 和独辞典

Japanisch-Deutsches
Wörterbuch für Iaidō

zusammengestellt
von
Angela von der Geest

Bibliografische Information der Deutschen Nationalbibliothek: Die
Deutsche Nationalbibliothek verzeichnet diese Publikation in der
Deutschen Nationalbibliografie; detaillierte bibliografische Daten sind
im Internet über
www.dnb.de abrufbar.

Herstellung und Verlag:
BoD - Books on Demand, Norderstedt

ISBN: 978-3-7519-6052-6

Inhaltsverzeichnis

Vorwort

Mit diesem Wörterbuch möchte ich eine Hilfe an die Hand geben, Iaidō und seine Sprache besser zu verstehen. Meine Inspiration für dieses Nachschlagewerk war das „Japanese-English Dictionary of Kendō", welches von der Zen Nihon Kendō Renmei (ZNKR) herausgegeben wurde.

Die gebräuchlichen Fachvokabeln im Iaidō sind sehr speziell. Ihre Bedeutungen für das Training sind in normalen Wörterbüchern oder Apps selten oder schwer zu finden. Ich habe die japanischen Iaidō-Begriffe deshalb nicht einfach nur übersetzt, sondern nach bestem Wissen erklärt, damit sie zum Verstehen des Iaidō beitragen können. Der Inhalt dieses Wörterbuches spiegelt die Vielfältigkeit der Iaidō-Terminologie in verschiedenen Gebieten wider: Generelles, Fachbegriffe für Prüfung oder Wettkampf, technische oder körperliche Bezeichnungen, Vokabular des Trainings und vieles mehr. Besonders am Herzen lag mir, die kata-Namen des ZNKR-Iaidō, der Musō Shinden Ryū und die der Musō Jikiden Eishin Ryū, sowie des kumitachi mit Übersetzungen in dieses Buch mit aufzunehmen. Denn auch auf diesem Gebiet wollte ich mehr Transparenz und Vollständigkeit schaffen.

Die japanischen Wörter habe ich in lateinischer Schrift in alphabetischer Reihenfolge zunächst in verschiedenen Kapiteln aufgelistet. Im hinteren Teil des Buches sind alle Begriffe noch einmal in alphabetischer Reihenfolge zu finden. Neben der Schreibweise in lateinischer Schrift ist auch die japanische Schreibweise in kanji und kana zugeordnet. Anmerkungen und Erklärungen, die über die bloße Übersetzung hinaus gehen, habe ich kursiv gesetzt.

Nicht zuletzt ist die korrekte Benutzung der Umschrift und die japanische Aussprache besonders für Übungsleiter unabdingbar: Aussprache- und Schreibfehler werden an Schüler weitergegeben und potenzieren sich dadurch.

Daher habe ich auch diesem Thema ein Kapitel gewidmet. Ich hoffe, dass wir durch dieses Werk Fehler künftig vermeiden können. Aber vor allem wird es helfen, wichtige Aspekte im Training besser zu verinnerlichen.

Ich wünsche viel Spaß beim Stöbern!

Angela von der Geest

1 Die Japanische Sprache in Wort und Schrift

Die japanischen Schriftsysteme

Um Japanisch zu schreiben werden drei Schriftsysteme benötigt, die sozusagen verschiedene Bereiche abdecken und nebeneinander verwendet werden:

1. *Kanji*:
Diese aus dem Chinesischen übernommenen Bild- bzw. Wortschriftzeichen werden für Begriffswörter (Substantive, Verben und Adjektive) und für einheimische Namen verwendet.

2. *Hiragana*:
In der Silbenschrift Hiragana werden Flexionen an den Wortenden der durch Kanji ausgedrückten Begriffswörter sowie alle anderen japanischen Wortarten geschrieben.

3. *Katakana*:
Mit dieser etwas vereinfachten Silbenschrift werden Fremdwörter und ausländische Eigennamen geschrieben.

Neben den *kanji* und *kana* werden auch die lateinischen Buchstaben verwendet. Sie werden im Japanischen *rōmaji* genannt und als Umschrift oder gelegentlich in der Werbung benutzt.

Japanische Silben-Schriftzeichen

Hiragana

あ a	か ka	さ sa	た ta	な na	は ha	ま ma	や ya	ら ra	わ wa	ん n
い i	き ki	し shi	ち chi	に ni	ひ hi	み mi		り ri		
う u	く ku	す su	つ tsu	ぬ nu	ふ fu	む mu	ゆ yu	る ru		
え e	け ke	せ se	て te	ね ne	へ he	め me		れ re		
お o	こ ko	そ so	と to	の no	ほ ho	も mo	よ yo	ろ ro	を (w)o	

Katakana

ア a	カ ka	サ sa	タ ta	ナ na	ハ ha	マ ma	ヤ ya	ラ ra	ワ wa	ン n
イ i	キ ki	シ shi	チ chi	ニ ni	ヒ hi	ミ mi		リ ri		
ウ u	ク ku	ス su	ツ tsu	ヌ nu	フ fu	ム mu	ユ yu	ル ru		
エ e	ケ ke	セ se	テ te	ネ ne	ヘ he	メ me		レ re		
オ o	コ ko	ソ so	ト to	ノ no	ホ ho	モ mo	ヨ yo	ロ ro	ヲ (w)o	

Erweichungen und Erhärtung der kana

Bestimmte Silben können durch zwei kleine Striche oben rechts er-weicht werden. Die ha-Reihe kann durch einen kleinen Kreis oben rechts erhärtet werden.

Hiragana

が ga	ざ za	だ da	ば ba	ぱ pa
ぎ gi	じ ji	ぢ ji	び bi	ぴ pi
ぐ gu	ず zu	づ zu	ぶ bu	ぷ pu
げ ge	ぜ ze	で de	べ be	ぺ pe
ご go	ぞ zo	ど do	ぼ bo	ぽ po

Katakana

ガ ga	ザ za	ダ da	バ ba	パ pa
ギ gi	ジ ji	ヂ ji	ビ bi	ピ pi
グ gu	ズ zu	ヅ zu	ブ bu	プ pu
ゲ ge	ゼ ze	デ de	ベ be	ペ pe
ゴ go	ゾ zo	ド do	ボ bo	ポ po

Kombinationen der kana

Einige Silben werden durch eine Kombination aus einem kana und einem weiteren etwas kleineren und tiefer gestellten kana aus der y-Reihe gebildet.

きゃ	しゃ	ちゃ	にゃ	ひゃ	みゃ	りゃ
kya	sha	cha	nya	hya	mya	rya
きゅ	しゅ	ちゅ	にゅ	ひゅ	みゅ	りゅ
kyu	shu	chu	nyu	hyu	myu	ryu
きょ	しょ	ちょ	にょ	ひょ	みょ	りょ
kyo	sho	cho	nyo	hyo	myo	ryo

ぎゃ	じゃ	ぢゃ	びゃ	ぴゃ
gya	ja	ja	bya	pya
ぎゅ	じゅ	ぢゅ	びゅ	ぴゅ
gyu	ju	ju	byu	pyu
ぎょ	じょ	ぢょ	びょ	ぴょ
gyo	jo	jo	byo	pyo

Die rōmaji-Umschrift

Für die Wiedergabe des Japanischen mit Lateinbuchstaben (rōmaji) werden im Wesentlichen drei Transkriptionssysteme verwendet:

- Das Hepburn-System, das auf der englischen Lautnotation basiert. James Curtis Hepburn (1815-1911), ein Missionar aus den USA entwickelte dieses System für sein japanisch-englisches Wörterbuch. Das Hepburn-System ist nicht wissenschaftlich exakt, aber durchaus praktisch und wird
  heute weitgehend in europäischen Veröffentlichungen verwendet. So auch in diesem Wörterbuch.

- Das kunrei-System („Japanische System" von 1954), das auf der japanischen Silbenschrift beruht. Dieses System wird von der japanischen Regierung für den offiziellen Schriftverkehr mit dem Ausland empfohlen.

- Ein etwas modernisiertes System, das auf dem alten „Japanischen System" basiert.

Ausspracheregeln der Hepburn-Umschrift

Vokale
Die Japanischen Vokale werden weitestgehend wie deutsche Vokale gesprochen.

a	hell wie in 'k**a**lt'
i	geschlossen wie in 's**i**multan'
u	allgemein kurz gesprochen wie in 'H**u**nd'
e	immer offen wie in 'B**e**tt'
o	offen wie in 'K**o**pf'

Die langen Vokale sind deutlich lang zu sprechen (zum Beispiel wie das deutsche 'ie'). Diese tragen einen Strich als Längenzeichen (z.B. ū oder ō).
Folgen zwei Vokale aufeinander, werden sie getrennt gesprochen (z.B. teno-uchi). Die Ausnahme dabei ist ei, das als langes **e** gesprochen wird, wie in B**ee**t (In einigen Regionen Japans ist zum Abschluss dieses Lautes ein leicht tönendes **i** zu hören. Aber bitte Vorsicht: Es wird in keinem Fall wie das deutsche „Ei" gesprochen.)
Die Vokale **i** und **u** werden am Wortende sehr schwach gesprochen.

Konsonanten

Die Konsonanten **b**, **d**, **k**, **m**, **p** und **t** werden weitestgehend wie im Deutschen ausgesprochen.

f	klingt leicht wie ein **h**
g	als Anlaut wie das deutsche **g**, im Wort und beim Partikel *ga* wird es ng gesprochen
h	wie das deutsche **h**, vor einem i wird es wie **ch** in ‚ich' gesprochen
j	stimmhaftes **sch**, zwischen dsch und dj wie in D**sch**ungel
n	vor den Konsonanten p,b und m wie **m**
	vor den Konsonanten t,d,n und r wie **n**
	vor k und g und der Kombination ny wird es wie ng ausgesprochen
	am Wortende und vor Vokalen wird es leicht nasaliert
r	wird nicht gerollt, es klingt eher wie eine Verbindung aus r, d und l
s	klingt wie **ß**
w	schwächer als das deutsche **w**, eher wie u+a, es kommt nur in der Verbindung *wa* vor
y	wie das deutsche **j**, die Konsonanten b, g, h, k, m, n, p und r werden durch ein nachfolgendes y erweicht
ch	wie **tch**, z. B. Tchechien

Der Verschlusslaut oder Stopplaut, der durch einen doppelten Konsonanten (außer nn und mm) dargestellt wird, wird wie im Italienischen ausgesprochen. Das heißt, dass der folgende Konsonant vorbereitet und der Luftstrom gestoppt wird. Der Doppelkonsonant bedeutet nicht wie im Deutschen, dass ein davorstehender Vokal kurz zu sprechen ist, sondern der Konsonant selbst ist lang. Z. B.: ippon, sprich ip-pon.

Betonung

Es gibt keinen Wortakzent wie im Deutschen. Die einzelnen Silben sollten gleichmäßig gesprochen werden; nur die langen Vokale können etwas betont werden.

Japanische Begriffe in deutschen Texten und im Deutschen Iaido Bund e.V. (DIaiB)

Japanische Begriffe werden grundsätzlich klein geschrieben. Nur Eigennamen werden groß geschrieben (z. B. Zen Nihon Kendō Renmei, aber auch Iaidō).
Zwischen Einzahl und Mehrzahl wird nicht unterschieden (eine kata, zehn kata).
Längungen werden durch Längungsstriche gekennzeichnet (z.B. ū oder ō).
Bei eindeutiger Übersetzbarkeit wird das Geschlecht übernommen (z.B. der hakama = der Hosenrock). Im Zweifelsfall oder bei Mehrdeutungen sollte das Neutrum verwendet werden.
Auf die durchgehende Kursiv-Schreibung der japanischen Fremdwörter wurde aus Gründen der besseren Lesbarkeit verzichtet, da die Kursiv-Schreibung in diesem Text auch für weitere Erläuterungen und Hinweise genutzt wird.

2 Die Namen der Iaidō kata

Die kata-Namen des ZNKR-Iai mit Übersetzung

Als das ZNKR-Iaidō-System werden zwölf kata bezeichnet, die
1968, 1980 und 2000 vom ZNKR-Komitee zusammengestellt wurden und seitdem als das offizielle Iaidō der Zen Nihon Kendō
Renmei gelten. Sie sind Grundlage für alle Prüfungen und Wett-
kämpfe.

seiza no bu		正座の部	**sitzender Teil** *die Techniken werden aus dem seiza heraus begonnen*
1. ipponme	mae	前	vorn
2. nihonme	ushiro	後ろ	hinten
3. sanbonme	ukenagashi	受け流し	fließende Verteidigung, empfangen und abfließen lassen. Siehe: *uke, nagasu*
tatehiza no bu		立膝の部	**tatehiza-Teil** *die Techniken werden aus dem tatehiza heraus begon-nen*
4. yonhonme	tsukaate	柄当て	Stoß mit dem Griff Siehe: *tsuka, ateru*

	tachiwaza no bu		立業の部	**Stehender Teil**
				die Techniken werden aus dem Stand heraus begonnen
5.	gohonme	kesagiri	袈裟切り	diagonaler Schnitt Siehe: *kesa, kiru*
6.	ropponme	morotetsuki	諸手突き	beidhändiger Stich Siehe: *morote, tsuki*
7.	nanahonme	sanpōgiri	三方切り	Schnitte in drei Richtungen Siehe: *san, hō, kiru*
8.	happonme	ganmenate	顔面当て	Stoß in das Gesicht Siehe: *ganmen, ateru*
9.	kyūhonme	soetetsuki	添え手突き	Stich mit angelegter Hand Siehe: *soete, tsuki*
10.	jupponme	shihōgiri	四方切り	Schnitte in vier Richtungen, Schnitte in alle vier Himmelsrichtungen Siehe: *shihō, shi, hō, kiru*
11.	jūipponme	sōgiri	総切り	alle Schnitte Siehe: *sō, kiru*
12.	jūnihonme	nukiuchi	抜き打ち	ziehen und schlagen Siehe: *nuku, uchi*

Die kata-Namen der Musō Shinden Ryū 夢想神流 mit Übersetzung

Shoden	初伝	Beginnende Überlieferung, *Grund-Techniken*
Ōmori-Ryū	大森流	Ōmori-Schule
seiza no bu	正座の部	**seiza-Teil** *Diese Techniken werden aus dem seiza heraus begonnen*
shohattō	初発刀	Beginnendes Schwert
satō	左刀	Linkes Schwert
utō	右刀	Rechtes Schwert
ataritō	当刀	Treffendes Schwert
inyōshintai	陰陽進退	Yin und Yang vorrücken und zurückziehen/zurückweichen
ryūtō	流刀	Fließendes Schwert
juntō *oder* kaishaku	順刀 *oder* 介錯	Begleitendes Schwert *oder* Sekundant, Assistent, Augenzeuge *(beim seppuku)*
gyakutō	逆刀	Umgekehrtes Schwert
seichutō	勢中刀	Starkes Schwert in der Mitte
korantō	虎乱刀	Schwert des wilden Tigers *(diese Technik wird aus dem Stand begonnen)*

inyōshintai kaewaza *oder* gyakute inyōshintai	陰陽進退替業 *oder* 逆手陰陽進退	Yin und Yang vorrücken und zurückzie-hen/ zurückweichen Variante *(zu kata Nr 5.)* Mit umgekehrter/umgedrehter Hand Yin und Yang vorrücken und zurückziehen/ zurückweichen
battō *auch* nukiuchi	抜刀 *auch* 抜き打ち	das Schwert ziehen *auch* ziehen und schlagen

Chuden　　　中伝　　　mittlere Überlieferung
Hasegawa Eishin Ryū　長谷川英信流　Hasegawa Eishin-Schule

tatehiza no bu	立膝の部	**tatehiza-Teil** ***Diese Techniken werden aus dem tatehiza heraus begonnen***
yokogumo	横雲	Seitlich ziehende Wolke
toraissoku *oder* tora no issoku	虎一足 *oder* 虎の一足	Ein Schritt des Tigers, Pranke des Ti-gers, eine Tigerpranke
inazuma	稲妻	Blitz
ukigumo	浮雲	Dahintreibende Wolke *(Ein Bild für die Unsicherheit des men-schlichen Lebens; eine instabile, eine unsichere Situation)*
yamaoroshi *oder* oroshi	山颪 *oder* 颪	Fallwind, Wind der einen Berg herab-weht *(insbesondere im Winter)*
iwanami	岩波	An Felsen schlagende Wellen, sich am Felsen brechende Welle

urokogaeshi	鱗返	Umgedrehte Fischschuppe, die Schuppen wenden *(Ein Begriff für das Reflektieren der glitzerndenSchuppen, wenn sich ein Fischschwarm blitzschnell wendet.)*
namigaeshi	浪返	Umschlagende Welle, die Welle wendet *(Scheitelpunkt, bevor die Welle bricht und wieder zurückfließt.)*
takiotoshi	滝落	Fallender Katarakt, Stromschnelle *(könnte auch mit Unterbrechung des Wasserfalls, der Stromschnelle gelesen werden.)*
nukiuchi	抜打	ziehen und schlagen
Okuden	**奥伝**	**innere Überlieferung**
tatehiza no bu	**立膝の部**	**tatehiza-Teil** *Diese Techniken werden aus dem tatehiza heraus begonnen*
kasumi	霞	Nebel, Dunst, Augentrübung
sunegakoi	脛囲	Unterschenkel-, Schienbeinschutz
shihōgiri	四方切	Schnitte in alle vier Himmelsrichtungen
tozume	戸詰	zu beiden Seiten der Tür
towaki	戸脇	neben, seitlich der Tür
tanashita	棚下	unter dem Regal, *unter dem Vordach*

ryōzume	両詰	von beiden Seiten eingeengt
torabashiri	虎走	Lauf des Tigers, Tigerlauf
tachi waza	立業	**Stand-Teil** *Techniken aus dem Stand heraus begonnen*
yukitsure	行連	begleitet gehen
tsuredachi *oder* rentatsu	連達	einen Kameraden begleiten Zusammen ankommen *(bei rentatsu handelt es sich um eine andere Form der Lesung der kanji)*
sōmakuri	総捲り	Zusammenfassung, Zusammenfassen
sōdome	総留	alle anhalten; alle aufhalten; alle stoppen
shinobu	信夫	Vertrauender, gläubiger Mann
yukichigai	行違	verfehlen, verpassen, Missverständnis *gegenseitiges Verpassen auf der Straße*
sodesurigaeshi	袖摺返	Ärmel mit Aufdruck (kamon) wenden
moniri	門入	durch ein Tor eintreten
kabezoi	壁添	an der Wand entlang
ukenagashi	受流	fließende Verteidigung, empfangen und abfließen lassen

oikakegiri*	追かけ切	Verfolgung und Schnitt
ryōshikitsure*	両士引連	von zwei Samurai begleitet mitgenommen werden
itomagoi	暇乞	Abschied nehmen

* Diese Kata werden zur Zeit nur noch selten unterrichtet.

Die kata-Namen der Musō Jikiden Eishin Ryū 無双直伝英信流 mit Übersetzung

Ōmori-Ryū shoden	**大森流** 初伝	beginnende Überlieferung *Grundwissen*
seiza no bu	**正座の部**	**Seiza-Teil** **Diese Techniken werden aus dem seiza heraus begonnen**
mae	前	*(Gegner befindet sich)* vorn
migi	右	*(Gegner befindet sich)* rechts
hidari	左	*(Gegner befindet sich)* links
ushiro	後ろ	*(Gegner befindet sich)* hinten
yaegaki	八重垣	achtfacher Zaun
ukenagashi	請流	fließende Verteidigung, empfangen und abfließen lassen
junto *oder* kaishaku	順刀 *oder* 介錯	Schwertfolge *oder* Sekundant, Assistent, Augenzeuge *(beim seppuku)*
tsukekomi	附込	Den Vorteil ergreifen, den Schwachpunkt nutzen
tsukikage *oder* getsuei	月影	Mondschatten *Der Schatten, die Silhouette, die das Mondlicht wirft.*
oikaze	追風	Den Wind jagen, Rückenwind, ein günstiger Wind

nukiuchi	抜打	ziehen und schlagen
yaegaki kaewaza	八重垣替業	Achtfacher Zaun, Variante

(Hasegawa) Eishin Ryu (長谷川)英信流

chuden	中伝	erweiterte Überlieferung

tatehiza no bu	立膝の部	**tatehiza-Teil** *Diese Techniken werden aus dem tatehiza heraus begonnen*
yokogumo	横雲	Seitlich ziehende Wolke
tora no issoku	虎之一足	Ein Schritt des Tigers, Pranke des Tigers, eine Tigerpranke
inazuma	稲妻	Blitz
ukigumo	浮雲	Dahintreibende Wolke *(Ein Bild für die Unsicherheit des menschlichen Lebens; eine instabile, eine unsichere Situation)*
oroshi	颪	Fallwind, Wind der einen Berg herabweht *(insbesondere im Winter)*
iwanami	岩波	An Felsen schlagende Wellen, sich am Felsen brechende Welle
urokogaeshi	鱗返	Die Schuppen wenden *(Ein Begriff für das Reflektierender glitzerndenSchuppen, wenn sich ein Fischschwarm blitzschnell wendet.)*

namigaeshi	浪返	Umschlagende Welle, die Welle wendet *(Scheitelpunkt, bevor die Welle bricht und wieder zurückfließt.)*
takiotoshi	瀧落	Fallender Katarakt, Stromschnelle *(könnte auch mit Unterbrechung des Wasserfalls, der Stromschnelle gelesen werden.)*
makkō	真向	Gerade Richtung, Direktheit

Ōkuiai   奥居合
(Ōkuden 奥伝 = innere Techniken)

suwari waza	座業	**Diese Techniken werden aus dem *tatehiza* heraus begonnen**
kasumi	霞	Dunst, Nebel, Augentrübung
sunegakoi	脛囲	Unterschenkel-, Schienbeinschutz
tozume	戸詰	zu beiden Seiten der Tür
towaki	戸脇	neben, seitlich der Tür
shihōgiri	四方切	Schnitte in alle vier Himmelsrichtungen
tanashita	棚下	unter dem Regal, *unter dem Vordach*
ryōzume	両詰	von beiden Seiten eingeengt
torabashiri	虎走	Lauf des Tigers, Tigerlauf

tachi waza	立業	**Stand-Teil** *Techniken aus dem Stand heraus begonnen*
ikitsure yukitsure	行連	begleitet gehen
rentatsu (tsuredachi)	連達	einen Kameraden begleiten Zusammen ankommen *(bei tsuredachi handelt es sich um eine andere Form der Lesung der kanji)*
sōmakuri	惣捲	Zusammenfassung, Zusammenfassen
sōdome	惣留	alle anhalten; alle aufhalten; alle stoppen
shinobu	信夫	Vertrauender, gläubiger Mann
ikichigai	行違	verfehlen, verpassen, Missverständnis *gegenseitiges Verpassen auf der Straße*
sodesurigaeshi	袖摺返	Ärmel mit Aufdruck (kamon) wenden
moniri	門入	durch ein Tor eintreten
kabezoi	壁添	an der Wand entlang
ukenagashi	請流	Fließende Verteidigung, empfangen und abfließen lassen

Die kata-Namen des kumitachi mit Übersetzung

Hierbei handelt es sich um kenjutsu Techniken, die paarweise geübt werden. Die am häufigsten unterrichteten Serien sind tachi uchi no kurai und tsumeai no kurai.

tachi uchi no kurai 太刀打ち之位 (Partner-Kata mit dem bokken)

1. deai	出会	Begegnung
2. tsuke komi	附込	Ausnutzen
3. ukenagashi	請流	Fließende Verteidigung, empfangen und abfließen lassen
4. ukekomi	請込	Erfolg
5. tsukikage	月影	Mondschatten *Der Schatten, die Silhouette, die das Mondlicht wirft.*
6. suigetsu tō	水月刀	Schwert am Solarplexus
7. zetsu myō ken	絶妙剣	vortreffliches/unvergleichliches Schwert
8. doku myō ken	独妙剣	einzigartiges Schwert/Schwert der einzigartigen Pracht
9. shin myō ken	心明剣	Dem Herzen folgendes Schwert
10. uchikomi	打込	Schlag, schlagend angreifen

3 Iaidō-Terminologie

Generelle Iaidō Fachbegriffe
(alphabetisch, mit Erklärungen)

aite	相手	Partner, Gegenüber, Gegner, Gefährte. Siehe: *teki*
ashisabaki	足さばき	Fußarbeit, Fußbewegung *Im Iaidō werden folgende Fußarbeitstechniken unterschieden: ayumiashi, fumikomiashi, okuriashi, tsugiashi, fumikaesu, fumidasu und jikuashi.*
ateru, ataru	当てる, 当たる	*wörtlich:* berühren, erreichen, stoßen, schlagen. Siehe: *ZNKR kata tsukaate* und *ganmenate.*
atemi	当て身	Schlag, Schlagtechnik im budō
ayumiashi	歩み足	*wörtlich:* zu Fuß gehen *normale Gehbewegung Diese Art zu gehen wird benutzt, um vor- oder zurückzugehen bzw. um längere Distanzen zu gehen.* Siehe: *ashisabaki*
battō	抜刀	das Schwertziehen, ein gezogenes Schwert
bokken	木剣	*Holzschwert* Siehe: *bokutō*
bokutō	木刀	Holzschwert *In der Form eines japanischen Schwertes. Häufig aus Eichenholz, aber auch japanischer Mispel oder anderen Hölzern gefertigt.* Siehe: *bokken*

budō	武道	Weg der Kampfkunst

Budō ist ein Begriff, der während der Periode der Früh-Moderne Japans den Weg des Kriegers bezeichnet. In der modernen Zeit bezog sich der Ausdruck auf das Lernen und Entwickeln der Persönlichkeit durch das Training in den Kampfkünsten. Deshalb wurden Anfang des 20. Jahrhunderts viele Kampfkünste mit dem Zusatz -dō (Weg) versehen: Kendō, Iaidō, Kyūdō etc.

Der Begriff budō bezieht sich seither darauf, all diese Kampfkünste zusammenzufassen. Die neuen Namen sollten zeigen, dass es sich bei diesen Disziplinen nicht nur um technisches Training handelt, sondern dass sie auch eine nicht unerhebliche Seite an spiritueller Entwicklung ausmacht.

bushi	武士	Feudaler Krieger, Ritter, Samurai

Person, die die Kriegskünste studiert und spezialisiert hat.

bushidō	武士道	Weg des Kriegers, *Ehrenkodex*

Im bushidō sind Tugenden wie Loyalität, Aufopferung, Vertrauen, Vermeiden von Schande, Höflichkeit, Reinheit, Respekt, Bescheidenheit, Sparsamkeit, Ehre und Zuneigung wichtig.

chakuza	着座	Platz einnehmen, hinsetzen

Aufforderung sich im Iaidō in seiza zu setzen.

chiburi	血振り	*wörtlich:* Blut *von der Klinge* fallen bzw. regnen lassen
chiisai	小さい	klein, schmal
chinagashi	血流し	Blut abfließen lassen
chinugui	血拭い	ab-/ auf-/ wegwischen des Blutes
chūdan	中段	mittlere Position Siehe: chūdan no kamae
chūdan no kamae	中段の構え	Schwerthaltung in mittlerer Position *Das Schwert wird dabei vor dem Körper mit der Spitze auf Höhe der Kehle gehalten.* Siehe: *kamae und itsutsu no kamae*
chūshin	中心	Mitte, Zentrum, Mittelpunkt, Kern, Innerstes
dai kyō soku kei	大強速軽	groß, stark, schnell und leicht *Eine Art und Weise zu schneiden.*
daitō	大刀	*japanisches* Langschwert *Oberbegriff*
dan	段	Stufe, Rang, Graduierung *Die Graduierung zeigt das Level an Geschick und Übungstiefe an. Dan ist höher als kyū.* Siehe: *im Kapitel „Zahlen"*
dattō	脱刀	Schwert nach vorne nehmen, herausnehmen *aus dem Gürtel, dem obi*
dattōtōrei	脱刀刀礼	*Kommando:* das Schwert *aus dem Gürtel* herauszunehmen und den Schwertgruß ausführen
dōgi	道着	*wörtlich:* Straßenkleidung Siehe: *iaidōgi*

dōjō	道場	*wörtlich:* Ort des Weges, Übungshalle *Halle in der budō geübt wird.*
enbu	演武	*wörtlich:* Leistung, Aufführung, Vorführung *Öffentliche Vorführung einer Kampfkunst, aber auch Training einer Kampfkunst.*
enbu no hōkō	演武の方向	die Richtung der Vorführung, Vorführungsausrichtung
enbuji no shōmen	演武次の正面	*wörtlich:* vor der Aufführung, Front der Vorführung *Festgelegte Vorderseite bei einer Vorführung.*
enzan no metsuke	遠山の目付け	*wörtlich:* Betrachten eines entfernten Berges *Den Gegner im Ganzen sehen, nicht auf einen bestimmten Punkt starren.*
fudōshin	不動心	*wörtlich:* unbewegtes Herz, Gelassenheit, ruhiger Geist, ruhiger Geisteszustand, Unerschütterlichkeit, Standhaftigkeit *Mentaler Zustand, der selbst in Gefahr durch nichts abgelenkt wird, aber so flexibel ist, um auf alle Änderungen zu reagieren.*
fumidasu	踏み出す	Einen Schritt machen, der erste Schritt
fumikaesu	踏み換えす	Schrittwechsel
fumikomiashi	踏み込み足	*wörtlich:* eintretender, überfallender Fuß *Fußbewegung mit Stampfschritt.*
fumikomu	踏み込む	*wörtlich:* eintreten, einbrechen, überfallen *Vorwärts bewegen mit Stampfschritt des vorderen Fußes.*

furikaburi, furikaburu	振りかぶり、 振りかぶる	*wörtlich:* schwingen *Schwert über den Kopf führen, Bewegung des Ausholens.*
ganmen	顔面	Gesicht Siehe: *ZNKR kata ganmenate*
ganmenate	顔面当て	Stoß in das Gesicht Siehe: *ganmen, ateru, ZNKR kata ganmenate*
gedan	下段	untere Position Siehe: *gedan no kamae*
gedan no kamae	下段の構え	niedrige Schwerthaltung *Bei dieser kamae wird das Schwert vor dem Körper gehal- ten und die Spitze etwa auf Höhe der Kniescheibe abge- senkt.* Siehe: *kamae und itsutsu no kamae.*
gi	着	*wörtlich:* Anzuziehendes; *allgemein:* Kleidung *Oberteil der Iaidō-Kleidung, ge- schnitten wie ein kimono mit schmalen Ärmeln.*
go no sen	後の先	*wörtlich:* Priorität, Initiative, Zuvorkommen *Durch Parieren oder Weg- schlagen des gegnerischen Schwertes schneller bzw. frü- her treffen, als der Gegner seinen erneuten Angriff aus- führen kann.* Siehe: *mittsu no sen, tai no sen*
gokui	極意	letztes Geheimnis, geheimes Prinzip, tiefstes Mysterium, innerster Kern, esoterisches Prinzip
gyaku	逆	Gegenteil, umgekehrt, verdreht

gyakukesagiri	逆袈裟切り	umgekehrter kesa-Schnitt *Aufwärtsführender diagonaler Schnitt.*
ha	刃	*wörtlich:* Schneide, Klinge *Schneidfläche, Fläche zwischen habaki und hamon.*
hadagi, shitagi	膚着, 下着	Unterhemd, Unterwäsche
hajime no sahō	始めの作法	Begrüßungszeremonie
hajime no tōrei	始めの刀礼	Anfangsschwertgruß, Gruß zum Schwert zu Beginn *des Trainings, der Vorführung*
hakama	袴	Hosenrock, geteilter Rock *weites, traditionell japanisches Beinkleid*
hakamasabaki	袴捌き	*wörtlich:* den hakama handhaben, in Ordnung bringen, den hakama *mit der rechten Hand leise nach links* fegen
hanami	刃並	*wörtlich:* Klinge *Hanami bezeichnet die Schnittlinie entlang der Klingenseite z.B. bei schrägen (omote hanami und ura hanami) sowie bei horizontalen Schnitten.* Siehe: *hasuji, omote hanami, ura hanami*
hanmi	半身	seitwärts, seitlich *Seitliche Körperhaltung, Position in der der Körper des Übenden ca. 45° zum Gegner eingedreht steht. Die Füße stehen in L-Form, das vordere Bein ist gebeugt, das hintere gestreckt. Steht der linke Fuß vorn: hidarihanmi, steht der rechte Fuß vorn: migihanmi.* Siehe: *hitoemi. hidarihanmi, migihanmi*

hanshi	範士	*wörtlich:* Meister, Vorbild *Höchster Lehrer-Titel.* Siehe: *shōgō*
hassō	八相	*wörtlich:* acht Aspekte, acht Phasen, acht Gesichter, acht Erscheinungen Siehe: *hassō no kamae*
hassō no kamae	八相の構え	*wörtlich:* Acht-Phasen-Schwert-haltung *Das Schwert wird an der Seite, tsuba auf Mundhöhe gehalten und eine Schulter (bei kesagiri die rechte) leicht abgewendet. Die Schneide zeigt nach vorn, die Klinge steigt ca. 45° nach hinten auf.* Siehe: *kamae und itsutsu no kamae*
hasuji	刃筋	*wörtlich:* Klingenlinie *Ausrichtung der Klinge in Lini-enbezug zwischen hasaki (Schneide) und mune (Schwert-rücken); Anstellwinkel, Schwert-linienführung.* Siehe: *hanami*
heijōshin	平常心	Normaler, disziplinierter Ge-mütszustand, Selbstbeherr-schung, Geistesgegenwart
hidari	左	links
hidarihanmi	左半身	*wörtlich:* seitlich links *Körperhaltung, bei der der Kör-per des Übenden ca. 45° zum Gegner eingedreht steht. Die Füße stehen in L-Form, das vordere Bein ist gebeugt, das hintere gestreckt. Dabei ist der rechte Fuß etwas nach hinten rechts gezogen und die Ferse ca. 45° nach innen gedreht.* Siehe: *hanmi, migihanmi, hitoemi*

hikinuki	引抜き	herausziehen
himo	紐	Band, Bänder *z. B. des hakama*
hitoemi	一重身	*wörtlich:* seitlich *Position in der der Körper des Übenden ungefähr die halbe Körperseite (ca. 90°) zum Gegner gedreht bzw. geöffnet steht. Die Füße stehen hier nahezu parallel und zeigen eher in die gleiche Richtung (vgl. hanmi). Hitoemi nehmen wir in der ZNKR kata shihogiri nach dem sayabiki und unmittelbar vor dem Stich ein. Äquivalent zu hitoemi ist hanmi. Bei hanmi stehen die Füße jedoch in L-Stellung.* Siehe: *hanmi*
hitoiki	一息	Ein einziger Atemzug *Das Intervall zwischen zwei Atemzügen ist ein verletzlicher Moment und bietet dem Gegner die Gelegenheit zum Angriff. Daher ist es wichtig, Waza in einem Atemzug auszuführen, um dem Gegner keine Angriffsmöglichkeit zu geben.*
hō	方	Richtung Siehe: *ZNKR kata sanpōgiri, shihōgiri*

Iaidō	居合道	*wörtlich:* Der Weg anwesend, ganz konzentriert zu sein *Beschreiben kann man es als Kunst ganz wach, konzentriert und aufmerksam zu sein, um auf jede Veränderung richtig zu reagieren. Übungsform in der ein katana oder ein iai-tō verwendet wird. Iaidō ist eine Form des budō, mit dem Ziel, Körper und Geist zu trainieren und den Charakter durch ständiges Üben zu kultivieren.*
iaidōgi	居合道着	Trainingskleidung für Iaidō Siehe: *hakama, obi, gi*
iaidōka	居合道家	Übender im Iaidō
iaigi	居合着	Siehe: iaidōgi
iaigoshi	居合腰	*wörtlich:* iai-Hüfte *Stabiler Stand mit abgesenkter Hüfte.*
iaihiza	居合膝	*wörtlich:* iai-Knie *Auf der linken Ferse sitzend, rechter Fuß ist aufgestellt.* Siehe: *tatehiza*
iaihiza no bu	居合膝の部	*wörtlich:* iai-Knie Teil
iaitō	居合刀	Iaidō-Schwert, *In Form, Länge und Gewicht einem nihon-tō nachempfunden, jedoch nicht geschmiedet und nicht geschärft.*
irimi	入り身	*wörtlich:* in den Körper eindringen *Der Übende steht seitlich zum Gegner und dringt in dessen Raum ein.*
issoku	一足	ein Schritt

itsutso no kamae	五つの構え	die fünf kamae-Positionen Siehe: *jōdan no kamae, chūdan no kamae, gedan no kamae, hasso no kamae und waki no kamae*
jikuashi	軸足	*wörtlich:* Achsenfuß, Drehfuß *Der ganze Körper dreht sich auf einer Achse, die von diesem Fuß ausgeht.*
jinkaku	人格	Persönlichkeit
jinkakukeisei	人格形成	Persönlichkeitsbildung Siehe: *ningenkeisei*
jo ha kyū	序破急	*wörtlich:* beginnen/Anfang, zerreißen/zerbrechen, plötz-lich/schnell *langsam, schneller, so schnell wie möglich* *Das Prinzip des jo ha kyū fin-det sich in der Natur sowie in den klassischen und traditio-nellen Künsten. Es beschreibt die natürlichen Phasen eines Spannungsbogens. Eröff-nung, Mitte und Höhepunkt. Beispiel: Welle, die sich lang-sam Richtung Küste bewegt, sich auftürmt und schließlich tosend bricht.*
jōdan	上段	obere Stufe, Überkopfposition Siehe: jōdan no kamae

jōdan no kamae	上段の構え	obere Schwerthaltung *Schwerthaltung, bei der das Schwert über dem Kopf gehalten wird. Die Klinge steigt dabei ca. 45° nach hinten auf. Im iaidō wird vorwiegend das morote hidari jōdan no kamae angewendet; dabei steht der linke Fuß etwas weiter vorn und der Körper und der rechte Fuß wird etwas eingedreht. Siehe: kamae, itsutsu no kamae*
jōseki	上席	Ehrenplatz *Platz im dōjō, an dem sich die höher graduierten Personen befinden.*
kaichō	会長	Vorsitzender, Vorstand, Präsident
kamae	構え	*wörtlich:* Haltung *Der Übende ist auf jeden Angriff und jede Aktion des Gegners vorbereitet und kann entsprechend reagieren bzw. angreifen. Siehe: itsutsu no kamae*
kami	神	Naturgottheit
kami no ashi	神の足	*wörtlich:* Götterfuß, Gottesfuß *Fuß der näher zur kamiza steht. Siehe: shimo no ashi*
kamisama	神様	Gott, Götter
kamiza	上座	Ehrenplatz
kamiza ni rei	上座に礼	Gruß/Verneigung zum kamiza (Ehrenplatz)
kasōteki	仮想敵	angenommener Gegner, imaginärer Gegner, fiktiver Feind
kasōteki	仮想的	virtuell

kata	形	Form *Festgelegte Übungsform in der der ideale Stand der Techniken, der Körperbewegungen und des Geistes eines Übenden korrekt ausgedrückt werden kann.*
katageiko	形稽古	kata-Training
katana	刀	japanisches Schwert, ein-schneidige Waffe *Das katana wird mit der Schnei-de nach oben zeigend in den obi gesteckt getragen.* Siehe: *nihontō*
katana no okikata	刀の置き方	das Schwert hinlegen/ablegen
katana no torikata	刀の捕り方	das Schwert aufnehmen
keikogi	稽古着	*wörtlich:* Trainingskleidung, Übungskleidung *Diese Bezeichnung wird vor allem im budō verwendet.* Siehe: *iaidōgi*
keikohō	稽古法	Trainingsmethode *Zum Beispiel um die Geschick-lichkeit zu fördern.*
keitoshisei	携刀姿勢	*wörtlich:* stehende Haltung mit dem Schwert in der Hand *Haltung in der das Schwert an der linken Seite gehalten wird (in einem 45° Winkel, Daumen am tsuba).*

Kendō	剣道	*wörtlich:* Schwertweg *Eins-zu-Eins Schwertkampf* *bei dem das Schwert durch* *das shinai, ein Bambus-* *schwert, ersetzt wird und die* *Kämpfer Rüstungen soge-* *nannte kendōgu tragen.* *Kendō ist ebenfalls eine Form* *des budō, mit dem Ziel, Kör-* *per und Geist zu trainieren* *und den Charakter durch* *ständiges Üben zu kultivieren.*
kendōgi	剣道着	Kendō-Kleidung, Kendō-Uniform
kendōka	剣道家	Kendō-Übender, Kendō- Sportler, Kendō-Treibender
Kenjutsu	剣術	*wörtlich:* Schwertkunst *Kenjutsu bezieht sich auf die* *Kunst einen Gegner mit dem* *Schwert zu bekämpfen. Damit* *wird auch der Kampf und kata* *zweier Gegner mit bokutō* *beschrieben.*
kensen	剣先	Schwertspitze *Durch kensen wird der Druck* *auf den Gegner ausgeführt.* Siehe: *seme*
kesa	袈裟	buddhistisches Mönchsgewand *Es wird so getragen, dass eine* *Schulter frei bleibt.*
kesagiri	袈裟切り	diagonaler Schnitt *Schnitt entlang des kesa.* Siehe: *kesa, kiru,* *ZNKR kata kesagiri*
ki	気	Geist, Seele, Charakter, inne- re Stärke, Energie, Bewusst- sein,Temperament, Gefühl, Stimmung, Aufmerksamkeit, Absicht, Atem, Luft, Natur

ki ken tai itchi	気剣体一致	Einheit von Geist, Körper und Schwert *Dies beschreibt ein wichtiges Element für die Bewegungen im Iaidō. Ki bezeichnet den Geist, ken bezieht sich auf die Handhabung des Schwertes und tai auf die Körperbewegungen und -haltungen. Wenn diese drei Elemente harmonisieren und in korrektem Timing zusammenarbeiten (itchi), schaffen sie die perfekten Konditionen für starke und überzeugende kata.*
kiai	気合	Ermutigung, Entschlossenheit, Energie *Im budō wird der Kampfschrei so bezeichnet.*
kigamae	気構え	Bereitschaft, Entschlossenheit, Voraussicht, Vorahnung *Der Körper ist in Alarmbereitschaft, um auf die Bewegungen des Gegners zu reagieren.*
kigurai	気位	*wörtlich:* Selbstvertrauen, Stolz, Hochmut *Selbstvertrauen durch technische Sicherheit, Präsenz und hohe Erwartung.*
kihaku	気迫	Geist, geistige Energie, Charakter *Geistesstärke in jeder Situation.*
kihon	基本	Grundlage, Fundament, Basis
kihongeiko	基本稽古	Grundlagentraining

kime; kimaru	決め; 決まる	Entschlossenheit, *eine Aktion konsequent duchzuführen*, Entscheidung, Konzentration, Schärfe; bestimmen, entscheiden, einen Beschluss fassen, eine Entscheidung treffen, von etwas überzeugt sein
kimochi	気持ち	Gefühl, Empfindung, Haltung *einer Sache gegenüber*
kinchō	緊張	Spannung, Anspannung, Körperspannung
kirioroshi	切り下ろし	Abwärtsschnitt
kiriorosu	切り下ろす	abwärts schneiden
kiriotosu	切り落とす	niederstrecken
kiritsuke	斬り付け	*mit dem Schwert* einen Schnitt ausführen, schneiden
kiru	切る, 斬る	schneiden Siehe: *ZNKR kata kesagiri, sanpōgiri, shihōgiri*
kiryoku	気力	Willenskraft, Lebenskraft, Tatkraft, Energie, Überzeugungskraft *Im Iaidō ist vor allem die Willenskraft auch über die eigenen Grenzen hinaus gemeint.*
kisei	気勢	Mentale Kraft, Ausdruck, Energie, Überzeugungskraft, Tapferkeit, Mut, Elan
kiza	跪座	*wörtlich:* auf die Knie fallen *Sitzposition in der nur die Zehen den Boden berühren, die Fußsohlen nach hinten zeigen und das Gesäß auf den Fersen sitzt.*

kizeme	気攻め	*wörtlich:* Attacke, Angriff durch innere Stärke *Die Art, einen Gegner durch Energie und Willen zu überwinden. Angreifen ohne Bewegung nur durch starken Geist oder mentalen Druck.*
kōdansha	高段者	Hochgraduierte Person, hochrangiger Meister *Im allgemeinen ab 6. dan und höher, in der ZNKR ab 7. dan und höher.*
kōhai	後輩	*wörtlich:* Junior, Jüngerer *Person, die später eingetreten ist oder angefangen hat, jüngerer Mitschüler.*
koiguchi	鯉口	*wörtlich:* Karpfenmaul, saya-Öffnung *Es wird traditionell aus Horn gefertigt.*
koiguchi o kiru	鯉口を切る	*wörtlich:* Karpfenmaul schneiden *die Klinge lockern*
kokoro	心	Herz, Seele, Gemüt, Geist, Gefühl, Sinn
kokorogamae	心構え	Geistige Haltung, Gesinnung, Einstellung, Anschauung, Bereitschaft, Bereitwilligkeit
kokyū	呼吸	Atmung
kokyūhō	呼吸法	Atemtechnik, Atemmethode *Die korrekte Atemtechnik im Iaidō ist wichtig, um einen wachen Geist und eine aufmerksame Haltung zu erzeugen, und um die Gedanken ruhig zu halten/ eine ruhige Denkweise aufrechtzuerhalten.*

koryu	古流	*wörtlich:* alte Manieren, alte Schule, historische, traditionelle Schule
koshi ita	腰板	*wörtlich:* Hüftplatte, Hüftbrett *Rückenplatte des hakama, harte Verstärkung im Rückenteil eines hakama.*
kōtai	交替, 交代	Wechsel *z.B. Wechsel der Kampfrichter*
kumitachi	組太刀	*wörtlich:* Paar mit Langschwert *Sammelbegriff für alle Formen von paarweisen Übungen und kata, Partnerübung/-en.*
kurai	位	Rang, Grad, Selbstvertrauen *durch technische Sicherheit*
kyōshi	教士	Lehrer *Der mittlere Lehrer-Titel für unterrichtende Lehrer.* Siehe: *shōgō*
kyu	級	Schüler-Graduierung *(auch Kinder-Graduierungen)*
ma	間	Zwischenraum, Abstand, Raum, Entfernung, Beziehung, Zeitraum, Pause
maai	間合	räumlicher und zeitlicher Abstand
mae	前	vorn Siehe: *ZNKR kata mae*
makkō	真っ向	frontal, direkt, ins Gesicht
makkō kara kiri	真っ向から切り	direkt schneiden
makkō kara kiriorosu	真っ向から切り下ろす	direkt nach unten schneiden
menjō	免状	Zeugnis, Diplom, dan-Urkunde

metsuke	目付け	Einsatz der Augen, *Blick zum Gegner*
migi	右	rechts
migihanmi	右半身	*wörtlich:* seitlich rechts *Körperhaltung, bei der der Körper des Übenden ca. 45° zum Gegner eingedreht steht. Die Füße stehen in L-Form, das vordere Bein ist gebeugt, das hintere gestreckt. Dabei ist der linke Fuß etwas nach hinten links gezogen und die Ferse ca. 45° nach innen gedreht.* Siehe: *hanmi, hidarihanmi, hitoemi*
mitorigeiko	看取り稽古	Lernen durch genaues Zusehen. *Das Training Anderer wird genau beobachtet. Gute Punkte werden auf eigene Bewegungen reflektiert und so das eigene laidō verbessert.*
mittsu no sen	三つの先	drei sen *wörtlich:* Priorität, Initiative, Zuvorkommen *Im laidō ist es wichtig zu verstehen, dass ein gegnerischer Angriff bereits im frühestmöglichen Moment unterdrückt werden kann. Diese drei Möglichkeiten hat Takano Sasaburō in seinem Buch „Kendō" erklärt mit: sensen no sen, sen und go no sen.* Siehe: *tai no sen*
mokusō	黙想	*wörtlich:* Meditation, Kontemplation, schweigend denken *Schweigend Haltung, Atem und Aufmerksamkeit zusammenbringen.*
mon	紋	Familienwappen

monouchi	物打	*wörtlich:* Ding zum Schlagen *Vorderer Bereich der Klinge ca.* *10 cm von der Spitze. Dies ist* *der Teil des Schwertes, mit dem* *am besten und effektivsten ge-* *schnitten wird.*
montsuki	紋付	*wörtlich:* Familienwappen ange- heftet *Traditionelle japanische Jacke* *mit weiten Ärmeln und Wappen* *(mon). Wird im Iaidō als Kampf-* *richter und bei Prüfungen ab 6.* *dan getragen.*
moro	諸	beide Siehe: *ZNKR kata morotetsuki*
morote	諸手	beidhändig Siehe: *ZNKR kata morotetsuki*
morotetsuki	諸手突き	beidhändiger Stich Siehe: *morote, tsuki,* *ZNKR kata morotetsuki*
mudansha	無段者	Person ohne dan-graduierung
mugamae	無構え	*wörtlich:* sich um nichts küm- mern, bereit *Geistes- und Körperhaltung in* *der zu jeder Zeit auf Angriffe* *aus jeder Richtung reagiert* *werden kann.*
mune	棟	Schwertrücken, Rückseite der Klinge *Die stumpfe Seite der Klinge.*
munenmusō	無念無想	mentale Selbstlosigkeit, *frei von weltlichen Gedanken*
mushin	無心	*wörtlich:* leerer Geist, unbe- lasteter Geist *absolute Gelassenheit* Siehe: *munenmusō*

nafuda	名札	Namensschild *Wird bei Lehrgängen und taikai links auf dem iaigi bzw. bei Wettkampfrichtern auf dem montsuki getragen. Darauf soll Name und Ort der Herkunft zu erkennen sein.*
nagasu, nagashi	流す, 流し	abtropfen lassen, fließen, gie-ßen, vergießen Siehe: *ZNKR kata ukenagashi*
namiashi	並足	der gewöhnliche, der langsame Schritt
nihontō	日本刀	*wörtlich:* japanisches Schwert *Oberbegriff für ein Schwert, das nach japanischer Tradition ge-fertigt wurde.*
ningenkeisei	人間形成	*wörtlich:* Menschenbildung *Das Streben nach körperlicher und geistiger Perfektion als Mensch.* Siehe: *jinkakukeisei*
nitōryū	二刀流	*wörtlich:* Zweischwerterschule *Stilrichtung des Schwertkamp-fes, bei der zwei Schwerter be-nutzt werden. Oft werden daitō (Langschwert) und shōtō (Kurz-schwert) verwendet.*
nōtō	納刀	*wörtlich:* Schwertaufbewahren, Schwertzurückführen *Zurückführen der Klinge in die saya.*
nukiage	抜き上げ	Ziehen des Schwertes mit sofor-tiger Aufwärtsbewegung *Zum Beispiel bei der ZNKR kata kesagiri.*
nukiageru	抜き上げる	*wörtlich:* hochziehen, nach oben ziehen *Das Schwert nach oben ziehen.*

nukitsuke	抜き付け	Ziehen des Schwertes mit flie-ßendem, direktem Übergang zum Schnitt *Hier wird dem Gegner die Mög-lichkeit zur Aufgabe eingeräumt. Zum Beispiel bei der ZNKR kata mae.*
nukiuchi	抜き打ち 抜打ち	*wörtlich:* ziehen und schlagen, plötzlich, ohne Ankündigung, ohne Warnung, ohne Vorzei-chen, etwas unerwartetes tun *Plötzliches, unerwartetes und entschlossenes Ziehen des Schwertes und sofortiges Zu-schlagen bzw. Schneiden, um einen eventuellen Nachteil (z. B. Gegner sind in der Überzahl) ausgleichen zu können. Bei-spielsweise bei den ZNKR kata morotetsuki, sanpōgiri und nuki-uchi.* Siehe: *nuku, utsu, uchi, ZNKR kata nukiuchi*
nukiuchi ni kiritsuke	抜き打ちに切り付け	*wörtlich:* ohne Vorzeichen schneiden *überraschend und ohne Zögern schneiden, duchziehen*
nuku	抜く	herausziehen Siehe: *nukiuchi, ZNKR kata nu-kiuchi*
obi	帯	Gürtel, Schärpe
okuden	奥伝	*wörtlich:* tiefe/innere Überliefe-rung, esoterisch *Im budō bezeichnet okuden die Unterrichtung der Geheimnisse einer Kunst durch einen Meister.*
okuriashi	送り足	*wörtlich:* der gesendete, losge-schickte Fuß. Es bezeichnet den Impuls bzw. Druck, den der hintere Fuß dem

Fortsetzung okuriashi		vorderen gibt, damit sich dieser als erstes bewegt. Im Iaidō steht meistens der linke Fuß hinten und der rechte vorn. Okuriashi gilt grundsätzlich auch bei umgekehrt stehenden Füßen.
omote	表	Vorderseite, Stirnseite, Front
omote hanami	表刃並	vordere Schnittlinie *wörtlich:* vordere Klinge *Hanami bezeichnet die Schnittlinie entlang der Klingenseite, z.B. bei schrägen (omote hanami und ura hanami) sowie bei horizontalen Schnitten.* Siehe: *hasuji, hanami, ura hanami*
onegai shimasu	お願いします	*wörtlich:* ich bitte darum, bitte *Um etwas bitten z.B. gemeinsames Üben oder Unterricht. Dieser Ausdruck wird bei der Anfangszeremonie verwendet.*
orosu	下ろす	fallen lassen Siehe: *kiriorosu, kirioroshi*
otagai ni rei	お互いに礼	gegenseitige Verneigung, Verneigung untereinander *z.B. in der Übungsgruppe*
owari no reihō	終わりの礼法	*wörtlich:* Manieren zum Ende *Gruß zum Schwert und shōmen am Ende einer Vorführung oder des Trainings.*
owari no sahō	終わりの作法	Endzeremonie, Abgrüßen

rei	礼	*wörtlich:* Begrüßung, Dank, Höflichkeit, gute Umgangsformen *Benehmen und Verhalten welches Respekt den Anderen gegenüber zeigt. Im Iaidō werden die Übenden zu Anfang und zum Ende der Übung durch die Aufforderung „rei" angehalten, dies gegenüber der Lehre, dem Lehrer und den Mitübenden auszudrücken.*
reigi	礼儀	*wörtlich:* Benehmen, Höflichkeit , Anstand, gute Manieren *(als Eigenschaft) Im Iaidō ist damit das gesamte Grußzeremoniell gemeint.*
reihō	礼法	*wörtlich:* Benehmen, Höflichkeit, Anstand, gute Manieren *(als Methode) Im Allgemeinen wird zwischen ritsurei (Verneigen im Stehen Richtung shōmen), zarei (Verneigen im seiza) und tōrei (Verneigen zum Schwert) unterschieden.*
renshi	錬士	*wörtlich:* Gelehrter der Übung *Der niedrigste Lehrer-Titel.* Siehe: *shōgō*
renzokuwaza	連続技	fortlaufende Technik *Fließender Übergang verschiedener Teilbewegungen in einer kata. Besonders im Training sollen Bewegungen (kata oder kihon) präzise und fließend ineinander übergehen.*
riai	理合い	*wörtlich:* Wahrheit, Vernunft, Prinzip, Logik *Das Können, eine Technik rational, entschlossen und sinnvoll umzusetzen.*

Fortsetzung riai		*Vereinigung von Tat, Theorie,* *Grund und Vernunft.*
rihō	理法	Naturgesetz, Logik
ritsurei	立礼	Verneigen im Stehen *z. B. Richtung shōmen, ca. 30 °*
sabaku, sabaki	捌く, 捌き	verwenden, einsetzen, hand- haben, behandeln, nutzen Siehe: *ashisabaki, tōsabaki,* *tesabaki, taisabaki*
sae	冴え	Geschicklichkeit *Schärfe und Klarheit einer* *Technik.*
sageo	下緒, 下げ緒	Schwertband *Band an der saya.*
sagetōshisei	下げ刀姿勢	*wörtlich:* Schwerthaltung *Körperhaltung beim (entspann-* *ten) Tragen des Schwertes in* *der Hand.*
sahō	作法	Etikette, Lebensart, Benehmen, Manieren, Sitte, Methode
sanpōgiri	三方切り	Schnitte in drei Richtungen Siehe: *san, hō, kiru, ZNKR kata* *sanpōgiri*
saya	鞘	Schwertscheide *Traditionell ist sie hölzern und* *lackiert, gelegentlich verziert.*
saya no uchi no kachi	鞘の内の勝ち	*wörtlich:* innerhalb der saya siegen/gewinnen *Siegen ohne das Schwert zu* *ziehen.*
sayabanare	鞘放れ	*wörtlich:* Hüllenfreigabe, saya befreien, entfesseln *Geschickte, erfahrene Trennung* *von Klinge und saya.*

sayabiki	鞘引き	*wörtlich:* saya ziehen *Bewegung der saya beim Ziehen der Klinge.*
sayamodoshi	鞘戻し	*wörtlich:* saya zurückbewegen *Zurückbringen der saya in die korrekte Position. Zum Beispiel beim Übergang vom Ziehen zum beidhändigen Schnitt.*
seika tanden	臍下丹田	unterer Bauchbereich, unterhalb des Bauchnabels, Körperzentrum unterhalb des Bauchnabels *Es heißt, dass dieser Bereich besonders wichtig für innere Ruhe, Vitalität und rationale Reaktionen ist.* Siehe: *tanden*
seiza	正座	*wörtlich:* aufrecht sitzen *Traditioneller Fersensitz: die Knie auf einer Linie, die Fußoberseiten liegen auf dem Boden, die großen Zehen beider Füße liegen nebeneinander. Der Rücken ist aufgerichtet und die Hände liegen mit geschlossenen Fingern auf dem Oberschenkel. In Japan wird dies als die korrekte Art zu sitzen verstanden.*
seiza no bu	正座の部	*wörtlich:* seiza-Teil *Diese Techniken werden aus dem seiza heraus begonnen.*
seiza no shisei	正座の姿勢	sitzende Haltung, Sitzhaltung
seme, semeru	攻め, 攻める	*wörtlich:* Angriff, angreifen *Druck auf den Gegner. Das heißt, den Gegner durch mentale und physische Bewegung aus dem Gleichgewicht zu bringen und ihn daran zu hindern, sich frei bewegen zu können.*

sen	先	Initiative, Zuvorkommen, Spitze, Ende, Stirn, Front, Kopf, Führung, Voraus Siehe: *mittsu no sen*
sen no sen	先の先	*wörtlich:* voraus, zuvorkommend, bevor *Erster Angriff vor des Gegners Angriff.* *Treffen bzw. schneiden, in dem Moment in dem der Gegner seinen Angriff ausführt.* Siehe: *mittsu no sen*
senpai	先輩	Senior, der Ältere *Person, die an Dienstjahren/Erfahrung/Lebensjahren voraus ist, älterer Mitschüler, Fortgeschrittener.*
sensei	先生	Lehrer, Meister, Lehrmeister *Wird als Anrede verwendet.*
sensei (gata) ni rei	先生(がた)に礼	Gruß/Verneigung zum Lehrer (zu den Lehrern)
sensen no sen	先々の先	*wörtlich:* der Zeit voraus *Treffen bzw. schneiden, sobald sich der Gegner auf den Angriff festgelegt hat, aber bevor dieser sich bewegt.* Siehe: mittsu no sen
shidachi	仕太刀	*wörtlich:* das ausführende Schwert *Person, die bei Partnerübungen mit bokken die Rolle des Lernenden übernimmt. Die (Technik) ausführende Seite (z.B. beim tachi uchi no kurai).* Siehe: *uchidachi*

shihan	師範	*wörtlich:* beispielhafter Lehrer, Meister *Person mit außergewöhnlichem Charakter und beispielhafter Iaidō-Technik, der fähig ist, besonders zu unterrichten.*
shihō	四方	die vier Himmelsrichtungen, alle Himmelsrichtungen Siehe: *shi, hō,* *ZNKR kata shihōgiri*
shihōgiri	四方切り	Schnitte in vier Richtungen, Schnitte in alle vier Himmelsrichtungen Siehe: *shihō, shi, hō, kiru,* *ZNKR kata shihōgiri*
shimo no ashi	下の足	*wörtlich:* unterer Fuß, hinterer Fuß *Der Fuß, der weiter entfernt zur kamiza steht.* Siehe: *kami no ashi*
shin	心	Seele, Herz, Gemüt, Gefühl, Sinn
shinken	真剣	*wörtlich:* echtes Schwert, ernst, ernsthaft *Geschmiedetes Schwert mit scharfer Klinge.*
shinkenshōbu	真剣勝負	*wörtlich:* Kampf mit echten Schwertern, *Kampf auf Leben und Tod* *Die Bedeutung im Iaidō ist: so ernsthaft zu üben, als hänge das eigene Leben davon ab.*
shinogi	鎬	*wörtlich:* Gratlinie, Schwertklingengrat *Bezeichnung für die Kante, die die Fläche zur Schneide (hiraji) und zum Rücken (shinogi-ji) begrenzt. Es bezeichnet die dickste Stelle der Klinge, die bei einem Block zum Einsatz kommt*

shinsa	審査	Prüfung, Untersuchung
shinza	神座	Göttersitz, Sitz der Götter
shinza e no rei	神座への礼	Gruß,Verneigung, Respekt zum Göttersitz
shōbu	勝負	*wörtlich:* Wettkampf, Spiel, Match, Sieg oder Niederlage
shōbu ari	勝負あり	*wörtlich:* wir haben das Spiel, den Wettkampf bestritten, *es gibt eine Entscheidung Ankündigung, die der Haupt- kampfrichter gibt, um die Ent- scheidung über Sieg und Nie- derlage klar darzustellen.*
shōgō	称号	Titel, Grad *Im Iaidō gibt es drei Titel, die den Level an Vollendung der Übung als iaidōka anzeigen: renshi, kyōshi und hanshi.*
shōmen	正面	Vorderseite, vordere Seite, Front, Kopfvorderseite
shōmen ni rei	正面に礼	Verneigung zur Vorderseite (shōmen) *An der Frontseite eines traditio- nellen budō dōjō befindet sich in der Regel ein kleiner schintoisti- scher Hausaltar (kamidana), ein Rollbild mit japanischen Schrift- zeichen oder ein Bildnis des Begründers. Mit der Verneigung davor bezeugt man seinen Re- spekt vor der Lehre der jeweili- gen budō-Kunst.*
shōmenuchi	正面打ち	Schlag/Schnitt zur Kopfvorder- seite
shōsho	証書	Urkunde, Bescheinigung, Do- kument, Zeugnis, Diplom, Zer- tifikat

shu ha ri	守破離	*wörtlich:* bewahren/einhalten - zerreißen/(zer)brechen - sich entfernen/sich trennen/verlassen, *behalten/lernen - zerbrechen/ infrage stellen - verlassen/ verstehen.* *Shu ha ri beschreibt die drei klassischen Trainingslevels: shu ist das Übungslevel in dem der Übende dem Lehrer vertraut und gehorcht und die Prinzipien solide lernt.* *Ha ist das Level in dem eigene Ideen in das Gelernte einfließen und die Techniken entwickelt werden.* *Ri ist das Level in dem der Übende über das Gelernte der ersten zwei Level hinauswächst, neue Techniken entwickelt und einen neuen persönlichen Stil etabliert.*
shutsujō	出場	*wörtlich:* Auftreten, Teilnahme, *den Vorführplatz betreten*
sō	総	vollständig, ganz, komplett, alles Siehe: *ZNKR kata sōgiri*
soeru	添える	zusammenbringen, verstärken, sich anschließen Siehe: *ZNKR kata soetetsuki*
soetetsuki	添え手突き	Stich mit angelegter Hand Siehe: *soeru, tsuki, ZNKR kata soetetsuki*
soetetsuki no kamae	添え手突きの構え	*wörtlich:* Haltung zum Stich mit angelegter Hand *Haltung vor dem Stich bei der ZNKR kata soetetsuki.*
sōgiri	総切り	alle Schnitte, vollständige Schnitte Siehe: *sō, kiru, ZNKR kata sōgiri*

sōgo no zarei	相互の座礼	gegenseitiges Verneigen im seiza *Formelle sitzende Begrüßung der Kämpfer in Pool oder im Einzelkampf, der Prüflinge oder enbu-Teilnehmer eines Durchganges.*
sonkyoshisei	蹲踞姿勢	*wörtlich:* Hockhaltung *Endhaltung z. B. bei tsukaate, dabei wird der vordere Fuß an den hinteren gezogen, die Hüfte wird bis knapp über die hintere Ferse abgesenkt und das andere Knie bleibt am Boden.*
suburi	素振り	*wörtlich:* schwingen *Übungsform von vielen Wiederholungen von Schnitt- Stoß- und Stichtechniken in verschiedenen Varianten.*
suki	隙	*wörtlich:* Lücke, Spalt, Zwischenraum, Schwäche, Blöße *Lücke in der Bewegung bzw. günstige Gelegenheit den Gegner zu treffen.*
sunegakoi	脛囲	Schienbeinschutz, Block zum Schutz des Schienbeines
suriashi	摺足	gleitende Fußbewegung, *ohne den Bodenkontakt zu verlieren* *Suriashi ist ein wichtiges Element für die Fußtechniken: ayumiashi, okuriashi und tsugiashi.*
tabi	足袋	Japanische Socke *Schnallensocke mit abgeteilter großer Zehe.*

tachi	太刀	*wörtlich:* langes/großes Schwert *Japanisches Schwert, das mit der Schneide nach unten zeigend an der Hüfte getragen wurde. An der saya sind zwei Metallmontierungen angebracht für Tragbänder, die wiederum an einem dünnen Gürtel befestigt wurden.*
tachi iai no bu	立ち居合の部	*wörtlich:* stehender Iaidō Teil *Die Techniken werden aus dem Stand heraus begonnen.*
tachiagarikata	立ち上がり方	Art und Weise aufzustehen *Von seiza in keitōshisei.*
tachirei	立ち礼	Verneigung im Stehen
tachiwaza	立業	*wörtlich:* stehende Technik *Techniken werden aus dem Stand heraus begonnen.*
tai no sen	待の先	*wörtlich:* schneller, früher *Schneller treffen als der Gegner seinen Angriff ausführen kann.* Siehe: *mittsu no sen, go no sen, sen*
taikai	大会	*wörtlich:* großes Treffen, Versammlung, Sportfest
taisabaki	体さばき	*wörtlich:* Körperbewegung, Körpereinsatz, Drehung, Positions- und Richtungsänderung
taitō	帯刀	*wörtlich: im obi* eingesteckt getragenes Schwert *Aufforderung, das Schwert in den obi zu stecken.*
taitōshisei	帯刀姿勢	*wörtlich:* Schwerttragehaltung *Stehende Haltung mit im obi steckenden Schwert, die rechte Hand an der rechten Körperseite hängen lassen.*

tameshigiri	試し切り	*wörtlich:* Probeschnitt, Schnitt-probe, Versuchsschnitt, Schnitt-test *Testschnitt an Strohrollen, um die Qualität eines Schwertes oder die Fähigkeit des Übenden zu prüfen.*
tanden	丹田	Bereich des Unterbauches unterhalb des Nabels *Es heißt, dass dieser Körperbereich besonders wichtig für innere Ruhe, Vitalität und rationale Reaktionen ist.* Siehe: *seika tanden*
tandenkokyū	丹田呼吸	Bauchatmung
tatehiza	立膝	*wörtlich:* aufgestelltes Knie *Auf der linken Ferse sitzend, rechter Fuß ist aufgestellt.* Siehe: *iaihiza*
tatehiza no bu	立膝の部	tatehiza-Teil *Techniken werden aus dem tatehiza heraus begonnen.*
te	手	Hand Siehe: *ZNKR kata morotetsuki, soetetsuki*
teki	敵	Gegner, Feind Siehe: *aite*
teki o taosu	敵を倒す	den Gegner besiegen, niederstrecken
tenouchi	手の内	*wörtlich:* in der Hand, *auch:* Fähigkeit, Können *Der allgemeine Einsatz der Hände am Schwert. Das Straffen und Lösen des Greifens. Das Einstellen der Balance zwischen beiden Händen.*
tenugui	手拭い	Handtuch, Baumwolltuch, Schweißtuch

tōrei	刀礼	zum Schwert verneigen Siehe: *reihō*
tōreitaitō	刀礼帯刀	*wörtlich:* Schwertgruß *um im obi eingesteckt getragenes Schwert zu erreichen* *Aufforderung, den Schwertgruß durchzuzühren und das Schwert in den obi zu stecken.*
tōsei	刀精	Schwertkraft, Schwertenergie
tsuba	鍔	Stichblatt
tsubamoto	鍔元	*wörtlich:* Stichblattbasis *Stelle, an der sich Stichblatt und Klinge berühren.*
tsugiashi	継ぎ足	*wörtlich:* der nachfolgende Fuß *Der hintere (meist der linke) Fuß wird vorwärts bewegt, ohne den vorderen zu überholen, sofort folgt ein größerer Schritt mit dem vorderen (meist dem rechten) Fuß.*
tsuka	柄	Schwertgriff
tsukaate	柄当て	Stoß mit dem Griff Siehe: *tsuka, ateru,* *ZNKR kata tsukaate*
tsuki	突き	Stoß, Stich Siehe: *ZNKR kata morotetsuki,* *soetetsuki*
uchi	打ち	Schlag Siehe: *uchidachi, nukiuchi,* *ZNKR kata nukiuchi, tachi uchi* *no kurai*

uchidachi	打太刀	*wörtlich:* schlagendes, angreifendes Schwert *Person, die bei Partnerübungen mit bokken die Rolle des Lehrenden übernimmt (z.B. beim tachi uchi no kurai).* Siehe: *shidachi*
uke	受け	Verteidigung, Empfänger von Techniken *in budō* Siehe: *ZNKR kata ukenagashi*
ukenagashi, ukenagasu	受け流し, 受け流す	empfangen oder parieren und abfließen lassen, ausweichen, beiseiteschieben, fließende Verteidigung *Technik in der der gegnerische Schnitt mit der shinogi des eigenen Schwertes abgelenkt wird.* Siehe: *uke, nagasu, ZNKR kata ukenagashi*
ura hanami	裏刃並	äußere Schnittlinie *wörtlich:* äußere Klinge *Hanami bezeichnet die Schnittlinie entlang der Klingenseite z.B. bei schrägen (omote hanami und ura hanami) sowie bei horizontalen Schnitten.* Siehe: *hasuji, hanami, omote hanami*
ushiro	後ろ	hinten, Rückseite, Hinterseite, rückwärtige Richtung Siehe: *ZNKR kata ushiro*
ushiroashi	後ろ足	der hintere Fuß, das hintere Bein
utsu	打つ	schlagen, klatschen, klopfen, hämmern Siehe: *uchi, uchidachi, nukiuchi, ZNKR kata nukiuchi*

wakigamae	脇構え	seitliche Position, seitliche Haltung *Wesentlich ist dabei, dass die Klinge für den Gegner nicht sichtbar ist. Es gibt Unterschiede im Neigungswinkel der Klinge, die von der jeweiligen Kampfkunst oder den unterschiedlichen Schulen abhängt.*
waki no kamae	脇の構え	Siehe: *wakigamae*
waza	技	*wörtlich:* Technik, Geschicklichkeit, Fähigkeit, Kunstfertigkeit *Schnitt-, Stoß- oder Stichtechnik im iaidō.*
yagai de no torei	野外での刀礼	*wörtlich:* Schwertzeremonie im Freien *Verneigung vor dem katana im Freien bzw. im Stehen.*
yōgi	要義	das Wesentliche, der Punkt, die Essenz
yokochiburi	横血ぶり	*wörtlich:* seitliches abfallen bzw. abregnen lassen *Kurzform für migi ni hiraite no chiburi. Bewegung zur Seite um die Klinge zu säubern.*
zanshin	残心	*wörtlich:* fortdauerndes/fortwährendes Gefühl, fortdauernde Aufmerksamkeit, fortwährende Geistes- und Sinnesschärfe, auf der Hut sein. Zanshin beschreibt die geistige Bereitschaft und Sinnesschärfe auf einen erfolgenden Gegenangriff. Die körperliche und geistige Haltung, in der der Übende selbst nach einem vermeintlichen Sieg über den Gegner noch immer wach und konzentriert mit aller

Fortsetzung zanshin		*Kraft und ohne Zögern auf jeden weiteren Gegenangriff reagieren könnte. Es ist ein wesentlicher Aspekt im Iaidō nach dem Besiegen des bzw. der kassoteki eine gute und respektvolle innere und äußere Haltung zu zeigen.*
zarei	座礼	Verneigen im seiza *Formelle Begrüßung im Sitzen.*
zarei no shisei	座礼の姿勢	*wörtlich:* Haltung zum Verneigen im seiza *Körperhaltung bei der Ausführung der Verneigung im seiza.*
Zen Ken Ren Iai	全剣連居合	Iaidō der ZNKR *Kurz: ZNKR-Iai*
Zen Nihon Kendō Renmei, ZNKR	全日本剣道連盟	Gesamtjapanischer Kendō-Verband *Kurz: ZNKR* *Englisch: All Japan Kendō Federation, AJKF* *Diese Organisation repräsentiert Kendō, Iaidō und Jōdō in Japan und Übersee und wurde 1952 gegründet. Ziel ist es den Geist des Kendō, Iaidō und Jōdō möglichst vielen Menschen nahezubringen und zu kultivieren.*

Iaidō Fachbegriffe für Prüfung, Wettkampf und Vorführung

chūken	中堅	*wörtlich:* Rückgrat, Stütze, führende Person, Hauptmacht (der Truppen) *Der mittlere Kämpfer beim Teamtaikai, der zweite von drei bzw. der dritte von fünf Kämpfern.*
chūshin	中心	Mitte, Zentrum, Mittelpunkt, Kern, Innerstes
daihyōshasen	代表者戦	Entscheidungskampf *Bei Gleichstand im Wettkampf.*
enbu	演武	*wörtlich:* Leistung, Aufführung, Vorführung *Öffentliche Vorführung einer Kampfkunst, aber auch Training einer Kampfkunst.*
enbu no hōkō	演武の方向	die Richtung der Vorführung, Vorführungsausrichtung
enbuji no shō-men	演武次の正面	*wörtlich:* vor der Aufführung, Front der Vorführung *Festgelegte Vorderseite bei einer Vorführung.*
enbukai	演武会	Großvorführung, Vorführungstreffen
fukushin	副審	Nebenkampfrichter
gōgi	合議	gemeinsame Beratung, Besprechung
hajime	始め	anfangen, *Kommando:* Anfangen!
hansoku	反則	Regelverstoß, Regelwidrigkeit
hantei	判定	*Kommando:* Urteil
igi	異議	Einspruch, Einwand

jōseki ni rei	上席に礼	*wörtlich:* Gruß zu den Höhergestell-ten *Kommando für den Gruß zu den WKR und den Offiziellen.*
kantoku	監督	Teammanager, Mannschaftsführer, Trainer
kantokuki	監督旗	Fahne des Teammanagers
ken no rihō	剣の理法	Die Prinzipien bzw. Gesetze des katana
kōhei	小平	unparteiisch, fair, gerecht
kokki ni rei	国旗に礼	*wörtlich:* Gruß zur Nationalflagge *Kommando für den Gruß zu den Landesflaggen.*
kōtai	交替, 交代	Wechsel *z.B. Wechsel der Kampfrichter*
montsuki	紋付	*wörtlich:* Familienwappen angehef-tet *Traditionelle japanische Jacke mit weiten Ärmeln und Wappen (mon). Wird im Iaidō als Kampfrichter und bei Prüfungen ab 6. dan getragen.*
nyūjō	入場	wörtlich: Eintritt *Kommando: Vortreten auf Wett-kampf- bzw. Prüfungsfläche.*
seiretsu	整列	*wörtlich:* in die Reihe stellen *Kommando zum Aufstellen in einer Reihe.*
senpō	先鋒	*wörtlich:* Spitze, Vorhut *Erster Kämpfer im Team bei Mann-schaftsmeisterschaften.*
shiai	試合	Wettkampf, Turnier
shiaijo	試合場	Wettkampfplatz *Im Iaidō bestehend aus zwei Wett-kampfflächen.*

shinpan	審判	Wettkampfrichten, Entscheidung bei einem Wettkampf
shinpan kisoku	審判規則	Schiedsrichtervorschriften, -regeln
shinpanchō	審判長	Schiedsrichterdirektor, Turnierleiter, Oberster Richter
shinpanhō	審判法	*wörtlich:* Schiedsrichtergesetz *In der ZNKR sollen alle Wettkämpfer und Wettkampfrichter dem ken no rihō (den Prinzipien des katana) folgen. Sie sind verpflichtet fair und unparteiisch zu handeln entsprechend den Regelungen und den untergeordneten Regeln des laidō-shiai und -shinpan der ZNKR.* Siehe: *ken no rihō*
shinpanin	審判員	Schiedsrichter, Wettkampfrichter
shinpanin no fukusō	審判員の服装	Kleidung der Schiedsrichter *Im laidō sind das hakama, montsuki und shirotabi.*
shinpanki	審判旗	Fahnen der Schiedsrichter *(rot und weiß)*
shinpanshushin	審判主審	Hauptwettkampfrichter *Kampfplatzleiter*
shinza	神座	Göttersitz, Sitz der Götter
shirotabi	白足袋	weiße japanische Socke *Schnallensocke mit abgeteilter großer Zehe. Wird von Wettkampfrichtern getragen.*
shōbu	勝負	*wörtlich:* Wettkampf, Spiel, Match, Sieg oder Niederlage
shōbu ari	勝負あり	*wörtlich:* wir haben das Spiel, den Wettkampf bestritten, *es gibt eine Entscheidung Ankündigung, die der Hauptkampfrichter gibt, um die Entscheidung über Sieg und Niederlage klar darzustellen.*

shushin	主審	Hauptwettkampfrichter *Mittlerer Kampfrichter des dreiköpfigen Kampfrichterteams.*
shutsujō	出場	*wörtlich:* Auftreten, Teilnahme, *den Vorführplatz betreten*
sōgo no zarei	相互の座礼	gegenseitiges Verneigen im seiza *Formelle sitzende Begrüßung der Kämpfer in Pool oder im Einzelkampf, der Prüflinge oder enbu-Teilnehmer eines Durchganges.*
tachiai	立会い	*wörtlich:* Zeuge *Ansager bei einer enbukai.*
taijō	退場	*wörtlich:* abgehen, verlassen *Verlassen der Wettkampf-, Prüfungs- oder Vorführungsfläche.*
taishō	大将	*wörtlich:* General *hauptkämpfender Teamleiter, letzter Kämpfer im Team*
tekisei na shisei	適正な姿勢	angemessene *körperliche und geistige* Haltung *eines Wettkampfrichters* Siehe: *tekiseikōhei*
tekiseikōhei	適正公平	angemessen und unparteiisch *Eigenschaften, die bei einem Wettkampfrichter vorausgesetzt werden.*
tokeigakari	時計係	Zeitnehmer
tokeigakariki	時計係旗	Fahne des Zeitnehmers *Um eine Zeitüberschreitung anzuzeigen (gelb).*
yame	止め	Ende, halt, stopp, aufhören *Kommando:* Stopp!, Aufhören!

Vokabular des Unterrichts

arigatō	ありがとう	danke
arigatō gozai-mashita	ありがとうございました	herzlichen Dank *Vergangenheitsform von arigatō gozaimasu. Wird beim Abgrüßen verwendet, da die Übungsstunde vorbei ist.*
dattō	脱刀	Schwert nach vorne nehmen, herausnehmen *aus dem Gürtel, dem obi*
dattōtōrei	脱刀刀礼	*Kommando:* das Schwert *aus dem Gürtel* herauszunehmen und den Schwertgruß ausführen
dōmo	どうも	danke *umgangssprachlich*
dōmo arigatō	どうもありがとう	danke *höfliche Form*
dōzo	どうぞ	bitte schön
gomen nasai	ごめんなさい	entschuldigung, es tut mir leid
hai	はい	ja *Bestätigung, Start-Kommando*
hajime	始め	Anfangen *Kommando:* Anfangen!
hayaku	早く	schnell, schneller
iie	いいえ	nein *Im Japanischen wird es vermieden, dieses Wort direkt zu verwenden.*
kamiza ni rei	上座に礼	Gruß, Verneigung zum kamiza *(Ehrenplatz)*
kasōteki	仮想敵	angenommener Gegner, imaginärer Gegner, fiktiver Feind
kasōteki	仮想的	virtuell

kiritsu	起立	aufstehen
kiza	跪座	*wörtlich:* auf die Knie fallen *Sitzposition in der nur die Zehen den Boden berühren, die Fußsoh- len nach hinten zeigen und das Gesäß auf den Fersen sitzt.*
kōhai	後輩	*wörtlich:* Junior, Jüngerer *Person, die später eingetreten ist oder angefangen hat, jüngerer Mit- schüler.*
kumitachi	組太刀	*wörtlich:* Paar *mit* Langschwert *Sammelbegriff für alle Formen von paarweisen Übungen und kata, Partnerübung/-en.*
matte	待って	warte, wartet
ōkii	大きい	groß
onegai shimasu	お願いします	*wörtlich:* ich bitte darum, bitte *Um etwas bitten z.B. gemeinsames Üben oder Unterricht. Dieser Aus- druck wird bei der Anfangszeremo- nie verwendet.*
osamete	納めて	*wörtlich:* aufbewahren, zum Ab- schluß bringen, zurückstellen, zu- rücklegen *Aufforderung, das Schwert einzu- stecken und die Übung zu unter- brechen um einer Erklärung zuzu- hören.*
otagai ni rei	お互いに礼	gegenseitige Verneigung, Vernei- gung untereinander *z.B. in einer Übungsgruppe*
sagetōshisei	下げ刀姿勢	*wörtlich:* Schwerthaltung *Körperhaltung beim (entspannten) Tragen des Schwertes in der Hand.*
seiretsu	整列	*wörtlich:* in die Reihe stellen *Kommando zum Aufstellen in einer Reihe.*

seiza	正座	*wörtlich:* aufrecht sitzen *Traditioneller Fersensitz: die Knie auf einer Linie, die Fußoberseiten liegen auf dem Boden, die großen Zehen beider Füße liegen nebeneinander. Der Rücken ist aufgerichtet und die Hände liegen mit geschlossenen Fingern auf dem Oberschenkel. In Japan wird dies als die korrekte Art zu sitzen verstanden.*
seiza no bu	正座の部	*wörtlich:* seiza-Teil *Diese Techniken werden aus dem seiza heraus begonnen.*
seiza no shisei	正座の姿勢	sitzende Haltung, Sitzhaltung
sensei (gata) ni rei	先生(がた)に礼	Gruß, Verneigung zum Lehrer (zu den Lehrern)
shidachi	仕太刀	*wörtlich:* das ausführende Schwert *Person, die bei Partnerübungen mit bokken die Rolle des Lernenden übernimmt. Die (Technik) ausführende Seite (z.B. beim tachi uchi no kurai).* Siehe: *uchidachi*
shōmen ni rei	正面に礼	Verneigung zur Vorderseite (shōmen) *An der Frontseite eines traditionellen Budō dōjō befindet sich in der Regel ein kleiner shintoistischer Hausaltar (kamidana), ein Rollbild mit japanischen Schriftzeichen oder ein Bildnis des Begründers. Mit der Verneigung davor bezeugt man seinen Respekt vor der Lehre der jeweiligen budō-Kunst.*
sōgo no zarei	相互の座礼	gegenseitiges Verneigen im seiza *Formelle sitzende Begrüßung der Kämpfer in Pool oder im Einzelkampf, der Prüflinge oder enbu-Teilnehmer eines Durchganges.*

sumimasen	済みません	Entschuldigung, danke *Wird benutzt, um Aufmerksamkeit zu erregen. Entschuldigung dass man Umstände bereitet.*
taitō	帯刀	*wörtlich: im obi eingesteckt getra-genes Schwert* *Aufforderung, das Schwert in den obi zu stecken.*
teki	敵	Gegner, Feind Siehe: *aite*
teki o taosu	敵を倒す	den Gegner besiegen, niederstre-cken
tōrei	刀礼	zum Schwert verneigen Siehe: *reihō*
tōreitaitō	刀礼帯刀	*wörtlich: Schwertgruß um im obi eingesteckt getragenes Schwert zu erreichen* *Aufforderung, den Schwertgruß durchzuzühren und das Schwert in den obi zu stecken.*
wakarimasen, wakaranai	分かりません, 分からない	Ich habe nicht verstanden, ich weiß es nicht
wakarimashita	分かりました	ich habe verstanden
yame	止め	Ende, halt, stopp, aufhören *Kommando: Stopp!, Aufhören!*
yoi	ヨイ	*Aufforderung, sich vorzubereiten. Dieser Ausruf wird beim gemein-samen Üben benutzt, um alle Übenden auf den Beginn der kom-menden kata oder einer anderen Übung einzustimmen.*
yukkuri	ゆっくり	langsam
Zen Ken Ren Iai	全剣連居合	Iaidō der ZNKR *kurz: ZNKR-Iai*

Schwertbewegungen

chiburi	血降るい	*wörtlich:* Blut *von der Klinge* fallen bzw. regnen lassen
chinugui	血拭い	ab-, auf-, wegwischen des Blutes
furikaburi, furikaburu	振りかぶり, 振りかぶる	*wörtlich:* schwingen *Schwert über den Kopf führen, Bewegung des Ausholens.*
hassō no kamae	八相の構え	*wörtlich:* Acht-Phasen-Schwerthaltung *Das Schwert wird an der Seite, tsuba auf Mundhöhe gehalten und eine Schulter (bei kesagiri die rechte) leicht abgewendet. Die Schneide zeigt nach vorn, die Klinge steigt ca. 45° nach hinten auf.* Siehe: *kamae und itsutsu no kamae*
hasuji	刃筋	*wörtlich:* Klingenlinie *Ausrichtung der Klinge in Linienbezug zwischen hasaki (Schneide) und mune (Schwertrücken); Anstellwinkel, Schwertlinienführung.* Siehe: *hanami*
jōdan kara kiriorosu	上段から切り下ろす	von oben abwärts schneiden
jōdan kara makkō ni kiriorosu	上段から真っ向に切り下ろす	von oben direkt/frontal abwärts schneiden
jōdan no kamae	上段の構え	obere Schwerthaltung *Schwerthaltung, bei der das Schwert über dem Kopf gehalten wird. Die Klinge steigt dabei ca. 45° nach hinten auf. Im iaidō wird vorwiegend das morote hidari jōdan no kamae angewendet; dabei steht der linke Fuß etwas weiter vorn und der Körper und*

Fortsetzung jōdan no kamae		der rechte Fuß wird etwas einge- dreht. Siehe: *kamae, itsutsu no kamae*
jōgeburi, jōgesuburi	上下振り、 上下素振り	Hoch und runter Übungsform *Übungsform, in der das Schwert ohne Stopp hoch über den Kopf gehoben wird ohne dabei den Griff zu verändern.*
kamae	構え	*wörtlich:* Haltung *Der Übende ist auf jeden Angriff und jede Aktion des Gegners vorbe- reitet und kann entsprechend re- agieren bzw. angreifen.* Siehe: *itsutsu no kamae*
kesachiburi	袈裟血降り	*wörtlich: entlang der* kesa das Blut abregnen lassen *Ausholende Bewegung mit einer schnittähnlichen diagonalen Ab- wärtsbewegung um die Klinge zu säubern.*
kesagiri	袈裟切り	diagonaler Schnitt *Schnitt entlang des kesa.* Siehe: *kesa, kiru, ZNKR kata kesagiri*
kirioroshi	切り下ろし	Abwärtsschnitt
kiritsuke	切り付け	*mit dem Schwert* einen Schnitt aus- führen, schneiden
kiru	切る, 斬る	schneiden Siehe: *ZNKR kata kesagiri, sanpōgiri, shihōgiri*
makkō kara kiri	真っ向から切り	direkt schneiden
makkō kara kiriorosu	真っ向から切り 下ろす	direkt nach unten schneiden
migi ni hiraite no chiburui	右にひらいての 血降るい	*wörtlich:* nach rechts öffnendes chiburi *Schwertbewegung zur Seite um die Klinge zu säubern.*

nōtō	納刀	*wörtlich:* Schwertaufbewahren, Schwertzurückführen *Zurückführen der Klinge in die saya.*
nukiage	抜き上げ	Ziehen des Schwertes mit sofortiger Aufwärtsbewegung *(z. B. bei der ZNKR kata kesagiri)*
nukiageru	抜き上げる	*wörtlich:* hochziehen, nach oben ziehen *Das Schwert nach oben ziehen.*
nukitsuke	抜き付け	Ziehen des Schwertes mit fließendem, direktem Übergang zum Schnitt *Hier wird dem Gegner die Möglichkeit zur Aufgabe eingeräumt. Zum Beispiel bei der ZNKR kata mae.*
nukiuchi	抜き打ち 抜打ち	*wörtlich:* ziehen und schlagen, plötzlich, ohne Ankündigung, ohne Warnung, ohne Vorzeichen, etwas unerwartetes tun *Plötzliches, unerwartetes und entschlossenes Ziehen des Schwertes und sofortiges Zuschlagen bzw. Schneiden, um einen eventuellen Nachteil (z. B. Gegner sind in der Überzahl) ausgleichen zu können. Beispielsweise bei den ZNKR kata morotetsuki, sanpōgiri und nukiuchi. Siehe: nuku, utsu, uchi, ZNKR kata nukiuchi*
nukiuchi ni kiritsuke	抜き打ちに切り付け	*wörtlich:* ohne Vorzeichen schneiden *überraschend und ohne Zögern schneiden, duchziehen*
nuku	抜く	herausziehen Siehe: *nukiuchi, ZNKR kata nukiuchi*
sayabanare	鞘放れ	*wörtlich:* Hüllenfreigabe, saya befreien, entfesseln *Geschickte, erfahrene Trennung von Klinge und saya.*

sayabiki	鞘引き	*wörtlich:* saya ziehen *Bewegung der saya beim Ziehen der Klinge.*
shōmenuchi	正面打ち	Schlag/Schnitt zur Kopfvorderseite
soetetsuki no kamae	添え手突きの構え	*wörtlich:* Haltung zum Stich mit angelegter Hand *Haltung vor dem Stich bei der ZNKR kata soetetsuki.*
suburi	素振り	*wörtlich:* schwingen *Übungsform von vielen Wiederholungen von Schnitt- Stoß- und Stichtechniken in verschiedenen Varianten.*
sunegakoi	脛囲	Schienbeinschutz, Block zum Schutz des Schienbeines
taitō	帯刀	*wörtlich:* im obi eingesteckt getragenes Schwert *Aufforderung, das Schwert in den obi zu stecken.*
taitōshisei	帯刀姿勢	*wörtlich:* Schwerttragehaltung *Stehende Haltung mit im obi steckenden Schwert, die rechte Hand an der rechten Körperseite hängen lassen.*
tameshigiri	試し切り	*wörtlich:* Probeschnitt, Schnittprobe, Versuchsschnitt, Schnitttest *Testschnitt an Strohrollen, um die Qualität eines Schwertes oder die Fähigkeit des Übenden zu prüfen.*
tenouchi	手の内	*wörtlich:* in der Hand, *auch:* Fähigkeit, Können *Der allgemeine Einsatz der Hände am Schwert. Das Straffen und Lösen des Greifens. Das Einstellen der Balance zwischen beiden Händen.*
tsuki	突き	Stoß, Stich Siehe: *ZNKR kata morotetsuki, soetetsuki*

uchi	打ち	Schlag Siehe: *uchidachi, nukiuchi, ZNKR* *kata nukiuchi, tachi uchi no kurai*
ukenagashi ni furikabutte	受け流しに振り かぶって	*wörtlich:* parierend schwingen *Fließende Bewegung des Ausho- lens mit der Idee eines parierendem Abgleitenlassen des gegnerischen Schwertes.*
ukenagashi, ukenagasu	受け流し,受け流す	empfangen oder parieren und ab- fließen lassen, ausweichen, beisei- teschieben *Technik in der der gegnerische Schnitt mit der shinogi des eigenen Schwertes abgelenkt wird.* Siehe: *ZNKR kata ukenagashi*
wakigamae	脇構え	Seitliche Position, seitliche Haltung *Wesentlich ist dabei, dass die Klin- ge für den Gegner nicht sichtbar ist. Es gibt Unterschiede im Neigungs- winkel der Klinge, die von der jewei- ligen Kampfkunst oder den unter- schiedlichen Schulen abhängt.*
waki no kamae	脇の構え	Siehe: *wakigamae*
yokochiburi	横血ぶり	*wörtlich:* seitliches abfallen bzw. abregnen lassen *Kurzform für migi ni hiraite no chiburi. Bewegung zur Seite um die Klinge zu säubern.*
yokomenuchi	横目打ち	Schlag bzw. Schnitt zu einer Kopf- seite

Körperbewegungen und Haltungen

ashisabaki	足さばき	Fußarbeit, Fußbewegung *Im Iaidō werden folgende Fußar-* *beitstechniken unterschieden:* *ayumiashi, fumikomiashi,* *okuriashi, tsugiashi, fumikaesu,* *fumidasu und jikuashi.*
ayumiashi	歩み足	*wörtlich:* zu Fuß gehen *normale Gehbewegung* *Diese Art zu gehen wird benutzt,* *um vor- oder zurückzugehen bzw.* *um längere Distanzen zu gehen.* Siehe: *ashisabaki*
fumidasu	踏み出す	einen Schritt machen, der erste Schritt
fumikaesu	踏み換えす	Schrittwechsel
fumikomiashi	踏み込み足	*wörtlich:* eintretender, überfallender Fuß *Fußbewegung mit Stampfschritt.*
fumikomu	踏み込む	*wörtlich:* eintreten, einbrechen, überfallen *Vorwärts bewegen mit Stampf-* *schritt des vorderen Fußes.*
hanmi	半身	Seitwärts, seitlich *Seitliche Körperhaltung, Position in* *der der Körper des Übenden ca.* *45° zum Gegner eingedreht steht.* *Die Füße stehen in L-Form, das* *vordere Bein ist gebeugt, das hinte-* *re gestreckt. Steht der linke Fuß* *vorn: hidarihanmi, steht der rechte* *Fuß vorn: migihanmi.* Siehe: *hitoemi. hidarihanmi,* *migihanmi*

hidarihanmi	左半身	*wörtlich:* seitlich links *Körperhaltung, bei der der Körper des Übenden ca. 45° zum Gegner eingedreht steht. Die Füße stehen in L-Form, das vordere Bein ist gebeugt, das hintere gestreckt. Dabei ist der rechte Fuß etwas nach hinten rechts gezogen und die Ferse ca. 45° nach innen gedreht.* Siehe: *hanmi, migihanmi, hitoemi*
hitoemi	一重身	*wörtlich:* seitlich *Position in der der Körper des Übenden ungefähr die halbe Körperseite (ca. 90°) zum Gegner gedreht bzw. geöffnet steht. Die Füße stehen hier nahezu parallel und zeigen eher in die gleiche Richtung (vgl. hanmi). Hitoemi nehmen wir in der ZNKR kata shihogiri nach dem sayabiki und unmittelbar vor dem Stich ein. Äquivalent zu hitoemi ist hanmi. Bei hanmi stehen die Füße jedoch in L-Stellung.* Siehe: *hanmi*
iaigoshi	居合腰	*wörtlich:* iai-Hüfte *Stabiler Stand mit abgesenkter Hüfte.*
iaihiza	居合膝	*wörtlich:* iai-Knie *Auf der linken Ferse sitzend, rechter Fuß ist aufgestellt.* Siehe: *tatehiza*
irimi	入り身	*wörtlich:* in den Körper eindringen *Der Übende steht seitlich zum Gegner und dringt in dessen Raum ein.*
issoku	一足	ein Schritt
jikuashi	軸足	*wörtlich:* Achsenfuß, Drehfuß *Der ganze Körper dreht sich auf einer Achse, die von diesem Fuß ausgeht.*

keitoshisei	携刀姿勢	*wörtlich:* stehende Haltung mit dem Schwert in der Hand *Haltung in der das Schwert an der linken Seite gehalten wird (in einem 45° Winkel, Daumen am tsuba).*
kinchō	緊張	Spannung, Anspannung, Körperspannung
mawaru	回る	sich drehen, kreisen, herumschwingen, umwenden
migihanmi	右半身	*wörtlich:* seitlich rechts *Körperhaltung, bei der der Körper des Übenden ca. 45° zum Gegner eingedreht steht. Die Füße stehen in L-Form, das vordere Bein ist gebeugt, das hintere gestreckt. Dabei ist der linke Fuß etwas nach hinten links gezogen und die Ferse ca. 45° nach innen gedreht.* Siehe: *hanmi, hidarihanmi, hitoemi*
morote	諸手	beidhändig Siehe: *ZNKR kata morotetsuki*
namiashi	並足	der gewöhnliche, der langsame Schritt
okuriashi	送り足	*wörtlich:* der gesendete, losgeschickte Fuß. *Es bezeichnet den Impuls bzw. Druck, den der hintere Fuß dem vorderen gibt, damit sich dieser als erstes bewegt. Im laidō steht meistens der linke Fuß hinten und der rechte vorn. Okuriashi gilt grundsätzlich auch bei umgekehrt stehenden Füßen.*
ritsurei	立礼	Verneigen im Stehen *z.B. Richtung shōmen, ca. 30 °*
sabaku, sabaki	捌く, 捌き	verwenden, einsetzen, handhaben, behandeln, nutzen Siehe: *ashisabaki, tōsabaki, tesabaki, taisabaki*

seiza	正座	*wörtlich:* aufrecht sitzen *Traditioneller Fersensitz: die Knie auf einer Linie, die Fußoberseiten liegen auf dem Boden, die großen Zehen beider Füße liegen nebeneinander. Der Rücken ist aufgerichtet und die Hände liegen mit geschlossenen Fingern auf dem Oberschenkel. In Japan wird dies als die korrekte Art zu sitzen verstanden.*
seiza no bu	正座の部	*wörtlich:* seiza-Teil *Diese Techniken werden aus dem seiza heraus begonnen.*
seiza no shisei	正座の姿勢	sitzende Haltung, Sitzhaltung
sonkyoshisei	蹲踞姿勢	*wörtlich:* Hockhaltung *Endhaltung z. B. bei tsukaate, dabei wird der vordere Fuß an den hinteren gezogen, die Hüfte wird bis knapp über die hintere Ferse abgesenkt und das andere Knie bleibt am Boden.*
suriashi	摺足	gleitende Fußbewegung, *ohne den Bodenkontakt zu verlieren.* *Suriashi ist ein wichtiges Element für die Fußtechniken: ayumiashi, okuriashi und tsugiashi.*
tachiagarikata	立ち上がり方	Art und Weise aufzustehen *Von seiza in keitōshisei.*
tachirei	立ち礼	Verneigung im Stehen
taisabaki	体さばき	*wörtlich:* Körperbewegung, Körpereinsatz, Drehung, Positions- und Richtungsänderung
tatehiza	立膝	*wörtlich:* aufgestelltes Knie *Auf der linken Ferse sitzend, rechter Fuß ist aufgestellt.* Siehe: *iaihiza*

tatehiza no bu	立膝の部	tatehiza-Teil *Techniken werden aus dem* *tatehiza heraus begonnen.*
tsugiashi	継ぎ足	*wörtlich:* der nachfolgende Fuß *Der hintere (meist der linke) Fuß* *wird vorwärts bewegt, ohne den* *vorderen zu überholen, sofort folgt* *ein größerer Schritt mit dem vorde-* *ren (meist dem rechten) Fuß.*
zarei	座礼	Verneigen im seiza *Formelle Begrüßung im Sitzen.*
zarei no shisei	座礼の姿勢	*wörtlich:* Haltung zum Verneigen im seiza *Körperhaltung bei der Ausführung* *der Verneigung im seiza.*

Kleidung

dōgi	道着	*wörtlich:* Straßenkleidung Siehe: *Iaidōgi*
gi	着	*wörtlich:* Anzuziehendes; *allgemein:* Kleidung *Oberteil der Iaidō-kleidung, ge-* *schnitten wie ein kimono mit* *schmalen Ärmeln.*
hadagi, shitagi	膚着, 下着	Unterhemd, Unterwäsche
hakama	袴	Hosenrock, geteilter Rock *weites, traditionell japanisches* *Beinkleid*
himo	紐	Band, Bänder *z. B. des hakama*
iaidōgi	居合道着	Trainingskleidung für Iaidō, Siehe: *hakama, obi, gi*
iaigi	居合着	Siehe: *iaidōgi*

keikogi	稽古着	*wörtlich:* Trainingskleidung, Übungskleidung *Diese Bezeichnung wird vor allem im budō verwendet.* Siehe: *iaidōgi*
kendōgi	剣道着	Kendō-Kleidung, Kendō-Uniform
kesa	袈裟	buddhistisches Mönchsgewand *Wird so getragen, dass eine Schulter frei bleibt.*
koshi ita	腰板	Hüftplatte, Hüftbrett *Rückenplatte des hakama, harte Verstärkung im Rückenteil eines hakama.*
matadachi	股だち	seitliche Schlitze am hakama
mon	紋	Familienwappen
montsuki	紋付	*wörtlich:* Familienwappen angeheftet *Traditionelle japanische Jacke mit weiten Ärmeln und Wappen (mon). Wird im laidō als Kampfrichter und bei Prüfungen ab 6. Dan getragen.*
nafuda	名札	Namensschild *Wird bei Lehrgängen und taikai links auf dem iaigi bzw. bei Wettkampfrichtern auf dem montsuki getragen. Darauf soll Name und Ort der Herkunft zu erkennen sein.*
obi	帯	Gürtel, Schärpe
shirotabi	白足袋	weiße japanische Socke *Schnallensocke mit abgeteilter großer Zehe. Wird von Wettkampfrichtern getragen.*
tabi	足袋	Japanische Socke *Schnallensocke mit abgeteilter großer Zehe.*

tenugui	手拭い	Handtuch, Baumwolltuch, Schweiß-tuch
zekken	ゼッケン	Startnummer *(bei Prüfungen)*, Rü-ckennummer Siehe: *nafuda*
zori	草履	*wörtlich:* Fußkleidung aus Gras *Sandalen (oft aus Kunststoff)*

Teile des Schwertes

bōhi	棒樋	breite Längsrinne, breite gerade Hohlkehle in der Klinge *Zur Regulierung des Gewichtes und für bessere Balance.*
bōshi	鋩子	Härtelinienmuster der Schwertspit-ze
fuchi, fuchigane	縁, 縁金	Griffzwinge *Manschette zwischen Griff (tsuka) und Stichblatt (tsuba).*
ha	刃	*wörtlich:* Schneide, Klinge *Schneidfläche, Fläche zwischen habaki und hamon.*
habaki	鎺	Klingenzwinge *Das habaki sitzt wischen Klinge und Stichblatt, dadurch wird das Schwert in der saya festgehalten und die weiteren Montierungen da-durch zusammengehalten. Es passt genau an hamachi und munemachi.*
hamachi	刃区	Einkerbung an der Schneide bzw. der Vorderseite der Klinge *Diese Einkerbung ist für den korrek-ten Sitz des habaki nötig.* *Die Einkerbung auf der mune-Seite heißt munemachi.* Siehe: *munemachi*
hamon	刃文	Muster der Härtelinie *Grenzlinie zwischen ha und hiraji.*

hasaki	刃先	Schneide
hira	平	*wörtlich:* flach, breit *Seite der Klinge zwischen shinogi und ha, einschließlich hiraji und hamon.*
hiraji	平地	Fläche zwischen hamon und shinogi
kaeritsuno	返角	*wörtlich:* Umkehrhaken, Rückkehr-haken *Kleiner Haken an der saya, der den Zweck hatte, die saya während des Ziehens im obi zu halten.*
kashiragane	頭金	Griffende, Metallkappe am Griffen-de
katanakoshirae	刀拵え	*wörtlich:* Schwertzubehör Siehe: kōgai
katana no nagasa	刀の長さ	Klingenlänge *Gemessen von der Schwertspitze bis zum munemachi.*
kensaki	剣先	Schwertspitze *Durch kensaki wird Druck auf den Gegner ausgeführt.* Siehe: *seme*
kissaki	切先	Schwertspitze *Gemessen vom yokote bis zum Spitzenpunkt.* Siehe: *bōshi*
kōgai	笄	Schwertnadel *Wurde z.B. zum Befestigen der Haare benutzt und manchmal als ein Teil des katanakoshirae in einer speziellen Vorrichtung zum Einste-cken an der saya getragen.* Siehe: *katanakoshirae*

kogatana	小刀	Wörtlich: kleines Schwert, *Nützliches kleines Messer, das in einer Art Tasche an der Seite der saya befestigt ist. Heute: Taschenmesser*
koiguchi	鯉口	wörtlich: Karpfenmaul, saya-Öffnung *Es wird traditionell aus Horn gefertigt.*
kojiri	鐺	Ende der saya, Endstück *Endstück an der saya zum Schutz. Traditionell aus Horn hergestellt, häufig auch aus Metall und mit Verziehrungen.*
koshinogi	小鎬	kleine Gratlinie *Linie des shinogi durch die Fläche der bōshi/kissaki.*
koshirae	拵え	*wörtlich:* Zubehör Siehe: *katanakoshirae, kōgai*
kozuka	小柄	dekorativer Griff des kogatana
kurigata	栗形	*wörtlich:* Kastanie *Name der Öse an der saya, zur Befestigung des sageo.*
makidome	巻止	*wörtlich:* Wickelstopp, Knoten *Knoten der Griffwicklung nahe des tsukagashira.*
makishitasame	巻下鮫	Rochenhaut unter der Griffwicklung
mei, omotemei	銘,表銘	Signatur in der Schwertangel
mekugi	目釘	Schwertniete, Schwertzapfen *Kleiner Bambusstift zur Sicherung der Schwertangel im tsuka.*
mekugiana	目釘孔	*wörtlich:* mekugi-Loch *Loch in der Schwertangel für den mekugi (Bambusstift).*

menuki	目貫	Griffverzierung *Unter der Griffwicklung für besseren Halt in den Handflächen Ursprünglich auch um das mekugi originell zu verstecken.*
mitsugashira, mitsukado	三頭, 三角	*wörtlich:* drei Spitzen, drei Köpfe, drei Ecken *Punkt, an dem sich shinogi, yokote und koshinogi treffen.*
monouchi	物打	*wörtlich:* Ding zum Schlagen *Vorderer Bereich der Klinge ca. 10 cm von der Spitze. Dies ist der Teil des Schwertes, mit dem am besten und effektivsten geschnitten wird.*
mune	棟	Schwertrücken, Rückseite der Klinge *Die stumpfe Seite der Klinge.*
munemachi	棟区	Einkerbung am Schwertrücken *Diese Einkerbung ist für den korrekten Sitz des habaki nötig.* *Die Einkerbung auf der ha-Seite heißt hamachi.* Siehe: *hamachi*
nakago	茎	Schwertangel
nakagojiri	茎尻	Ende der Schwertangel
sageo	下緒, 下げ緒	Schwertband *Band an der saya.*
samehada	鮫肌	*wörtlich:* raue Haut *Haut des südostasiatischen Stachelrochens, die auf den Holzgriff geklebt wird, um der Baumwoll-, Seiden- oder Lederwicklung einen besseren Halt zu geben.*
samekawa (samegawa)	鮫皮	Haifischhaut Siehe: *samehada*

saya	鞘	Schwertscheide

saya 鞘 Schwertscheide
Traditionell ist sie hölzern und lackiert, gelegentlich verziert.

seppa 切羽 Scheibe
Auf beiden Seiten des Stichblattes um die Montur zu festigen.

shinogi 鎬 *wörtlich:* Gratlinie, Schwertklingengrat
Bezeichnung für die Kante, die die Fläche zur Schneide (hiraji) und zum Rücken (shinogi-ji) begrenzt. Es bezeichnet die dickste Stelle der Klinge, die bei einem Block zum Einsatz kommt.

shinogiji 鎬地 *wörtlich:* Gratlinienfläche
Fläche in der Nähe des Schwertrückens zwischen shinogi und mune.

shirasaya 白鞘 *wörtlich:* weiße Schwertscheide
Hölzerne Schwertscheide, zur Aufbewahrung einer wertvollen Klinge.

shitodome 鵐目 Metallmontierung
Ästhetisches Accessoire an der kurigata. Häufig modern reproduziert in goldähnlichem Metall.

sori 反り Krümmung der Klinge
Im Iaido sind 0,6 Zoll üblich.

tsuba 鍔 Stichblatt

tsubamoto 鍔元 *wörtlich:* Stichblattbasis
Stelle, an der sich Stichblatt und Klinge berühren.

tsuka 柄 Schwertgriff

tsukagashira 柄頭 Griffende

tsukaito	柄糸	Wicklungsband *Material der Wicklung für den Griff,* *traditionell aus Seide. Heute wird* *meistens Baumwolle und manchmal* *auch Leder verwendet.*
tsukamaki	柄巻	Griffwicklung *Am verbreitetesten sind hinerimaki* *und katatemaki (Kampfwicklung).*
yasurime	鑢目	Feilzeichen *an der Schwertangel*
yokote	横手	*wörtlich:* neben *Grat zwischen hiraji, ha und bōshi.*

Der Körper

ashi	足、脚	Fuß, Bein
ashikubi	足首	Fußgelenk, Knöchel
atama	頭	Kopf, Scheitel
denbu	臀部	Gesäß
dō	胴	Rumpf, Torso
ganmen	顔面	Gesicht Siehe: *ZNKR kata ganmenate*
hara	腹	Unterleib, Bauch
heso	臍	Nabel
hiji	肘	Ellenbogen
hitosashiyubi	人差し指	Zeigefinger
hiza	膝	Knie
kakato	踵	Ferse
kata	肩	Schulter

kobushi	拳	Faust
komekami	顳顬	Schläfe
koshi	腰	Hüfte
koyubi	小指	kleiner Finger, kleine Zehe
kubi	頸	Nacken, Hals, Kopf
kuchi	口	Mund
kusuriyubi	薬指	Ringfinger
me	目	Auge
men	面	Gesicht, Maske
mimi	耳	Ohr
mizoochi, mizuochi, kyūbi	鳩尾	Magengrube
mune	胸	Brust
nakayubi	中指	Mittelfinger
nodo	喉	Kehle
oyayubi	親指	Daumen
seika tanden	臍下丹田	unterer Bauchbereich, unterhalb des Bauchnabels, Körperzentrum unterhalb des Bauchnabels *Es heißt, dass dieser Bereich besonders wichtig für innere Ruhe, Vitalität und rationale Reaktionen ist.* Siehe: *tanden*
shōmen	正面	Vorderseite, vordere Seite, Front, Kopfvorderseite
suigetsu	水月	*wörtlich:* Wassermond Solarplexus

tanden	丹田	Bereich des Unterbauches unterhalb des Nabels *Es heißt, dass dieser Körperbereich besonders wichtig für innere Ruhe, Vitalität und rationale Reaktionen ist.* Siehe: *seika tanden*
te	手	Hand Siehe: *ZNKR kata morotetsuki, soetetsuki*
tekubi	手首	Handgelenk
tenohira	手の平	Handfläche
tenokō	手の甲	Handrücken
ude	腕	ganzer Arm
ushiroashi	後ろ足	der hintere Fuß, das hintere Bein
yubi	指	Finger, Zehen

Richtungen

hidari	左	links
hidarigawa	左側	linke Seite
hō	方	Richtung Siehe: *ZNKR kata sanpōgiri, shihōgiri*
jōge	上下	oben und unten, auf und ab, hoch und runter
jōhō	上方	Oben, über, höher, oberer Teil, Oberteil
kahō	下方	nach unten, abwärts, tiefer, unterer Teil
kōhō	後方	Rückseite, hinterer Teil, Hinterseite

mae	前	vorn Siehe: *ZNKR kata mae*
migi	右	rechts
migigawa	右側	rechte Seite
naname	斜め	schräg, schief, diagonal, Neigung
shihō	四方	die vier Himmelsrichtungen, alle Himmelsrichtungen Siehe: *shi, hō, ZNKR kata shihōgiri*
shita	下	unten
suichoku	垂直	vertikal, senkrecht
suihei	水平	horizontal, waagerecht
ue	上	oben
ushiro	後ろ	hinten, Rückseite, Hinterseite, rückwärtige Richtung Siehe: *ZNKR kata ushiro*
zenpō	前方	Vorderseite

Zahlen

go	五	fünf
godan	五段	fünfter Rang, fünfte Stufe, fünfter Grad
gohonme	五本目	fünfte Form
hachi	八	acht
hachidan	八段	achter Rang, achte Stufe, achter Grad
happonme	八本目	achte Form

hon	本	*Zählwort für Zahlen und lange Gegenstände* Siehe: *ipponme, nihonme etc.*
ichi	—	eins
ikkyū	一級	erste Klasse, Spitze, höchster Rang
ipponme	一本目	erste Form
jū	十	zehn
jūipponme	十一本目	elfte Form
jūnihonme	十二本目	zwölfte Form
jupponme	十本目	zehnte Form
kyū, ku	九	neun
kyūhonme	九本目	neunte Form
nanadan	七段	siebter Rang, siebte Stufe, siebter Grad
nanahonme	七本目	siebte Form
ni	二	zwei
nidan	二段	zweiter Rang, zweite Stufe, zweiter Grad
nihonme	二本目	zweite Form
roku	六	sechs
rokudan	六段	sechster Rang, sechste Stufe, sechster Grad
ropponme	六本目	sechste Form
san	三	drei
sanbonme	三本目	dritte Form

sandan	三段	dritter Rang, dritte Stufe, dritter Grad
shi, yon	四	vier
shichi, nana	七	sieben
shodan	初段	erster Rang, erste Stufe, erster Grad
yondan	四段	vierter Rang, vierte Stufe, vierter Grad
yonhonme	四本目	vierte Form

Schwerter und andere Waffen mit Klinge

aikuchi, hishu	合口, 匕首	Dolch, Stilett *Wird auch als Frauendolch bezeichnet.*
bokken	木剣	Holzschwert Siehe: *bokutō*
bokutō	木刀	Holzschwert *In der Form eines japanischen Schwertes. Häufig aus Eichenholz, aber auch japanischer Mispel oder anderen Hölzern gefertigt.* Siehe: *bokken*
daitō	大刀	*japanisches* Langschwert *Oberbegriff*
katana	刀	japanisches Schwert, einschneidige Waffe *Das katana wird mit der Schneide nach oben zeigend in den obi gesteckt getragen.* Siehe: *nihontō*

kōgai	笄	Schwertnadel *Wurde z.B. zum Befestigen der Haare benutzt und manchmal als ein Teil des katanakoshirae in einer speziellen Vorrichtung zum Einstecken an der saya getragen.* Siehe: *katanakoshirae*
kogatana	小刀	Wörtlich: kleines Schwert, *Nützliches kleines Messer, das in einer Art Tasche an der Seite der saya befestigt ist. Heute: Taschenmesser*
kozuka	小柄	dekorativer Griff des kogatana
naginata	長刀, 薙刀	*wörtlich:* langes *bzw.* niedermähendes Schwert *Helebarde mit stark gekrümmter einschneidiger Klinge.*
nihontō	日本刀	*wörtlich:* japanisches Schwert *Oberbegriff für ein Schwert, das nach japanischer Tradition gefertigt wurde.*
shinken	真剣	*wörtlich:* echtes Schwert, ernst, ernsthaft *Geschmiedetes Schwert mit scharfer Klinge.*
shōtō	小刀	*wörtlich:* kleines/kurzes Schwert *Oberbegriff für japanisches Kurzschwerter. Zum Beispiel: wakizashi.* Siehe: *kogatana*
tachi	太刀	*wörtlich:* langes/großes Schwert *Japanisches Schwert, das mit der Schneide nach unten zeigend an der Hüfte getragen wurde. An der saya sind zwei Metallmontierungen angebracht für Tragbänder, die wiederum an einem dünnen Gürtel befestigt wurden.*

tantō	短刀	japanisches Schwert *kürzer als 30 cm*
wakizashi	脇差	japanisches Schwert *länger als 30 cm aber kürzer als 60 cm*
yari	槍	Speer, Lanze, Spieß

4 Alle Begriffe in alphabetischer Reihenfolge

aikuchi, hishu	合口, 匕首	Dolch, Stilett *Wird auch als Frauendolch bezeichnet.*
aite	相手	Partner, Gegenüber, Gegner, Gefährte Siehe: *teki*
arigatō	ありがとう	danke
arigatō gozaimashita	ありがとうございました	herzlichen Dank *Vergangenheitsform von arigatō gozaimasu. Wird beim Abgrüßen verwendet, da die Übungsstunde vorbei ist.*
ashi	足、脚	Fuß, Bein
ashikubi	足首	Fußgelenk, Knöchel
ashisabaki	足さばき	Fußarbeit, Fußbewegung *Im Iaidō werden folgende Fußarbeitstechniken unterschieden: ayumiashi, fumikomiashi, okuriashi, tsugiashi, fumikaesu, fumidasu und jikuashi.*
atama	頭	Kopf, Scheitel
ateru, ataru	当てる, 当たる	*wörtlich:* berühren, erreichen, stoßen, schlagen Siehe: *ZNKR kata tsukaate und ganmenate.*
atemi	当て身	Schlag, Schlagtechnik *im budō*
ayumiashi	歩み足	*wörtlich:* zu Fuß gehen *normale Gehbewegung* *Diese Art zu gehen wird benutzt, um vor- oder zurückzugehen bzw. um längere Distanzen zu gehen.* Siehe: *ashisabaki*

battō	抜刀	das Schwertziehen, ein gezogenes Schwert
bōhi	棒樋	breite Längsrinne, breite gerade Hohlkehle in der Klinge *Zur Regulierung des Gewichtes und für bessere Balance.*
bokken	木剣	Holzschwert Siehe: *bokutō*
bokutō	木刀	Holzschwert *In der Form eines japanischen Schwertes. Häufig aus Eichenholz, aber auch japanischer Mispel oder anderen Hölzern gefertigt.* Siehe: *bokken*
bōshi	鋩子	Härtelinienmuster der Schwertspitze
budō	武道	Weg der Kampfkunst *Budō ist ein Begriff, der während der Periode der Früh-Moderne Japans den Weg des Kriegers bezeichnet. In der modernen Zeit bezog sich der Ausdruck auf das Lernen und Entwickeln der Persönlichkeit durch das Training in den Kampfkünsten. Deshalb wurden Anfang des 20. Jahrhunderts viele Kampfkünste mit dem Zusatz -dō (Weg) versehen: Kendō, Iaidō, Kyūdō etc.* *Der Begriff budō bezieht sich seither darauf, all diese Kampfkünste zusammenzufassen. Die neuen Namen sollten zeigen, dass es sich bei diesen Disziplinen nicht nur um technisches Training handelt, sondern dass sie auch eine nicht unerhebliche Seite an spiritueller Entwicklung ausmacht.*
bushi	武士	Feudaler Krieger, Ritter, Samurai *Person, die die Kriegskünste studiert und spezialisiert hat.*

bushidō	武士道	Weg des Kriegers, Ehrenkodex *Im bushidō sind Tugenden wie Loyalität, Aufopferung, Vertrauen, Vermeiden von Schande, Höflichkeit, Reinheit, Respekt, Bescheidenheit, Sparsamkeit, Ehre und Zuneigung wichtig.*
chakuza	着座	Platz einnehmen, hinsetzen *Aufforderung sich in seiza zu setzen*
chiburi	血降るい	*wörtlich:* Blut *von der Klinge* fallen bzw. regnen lassen
chiisai	小さい	klein, schmal
chinagashi	血流し	Blut abfließen lassen
chinugui	血拭い	ab-, auf-, wegwischen des Blutes
chūdan	中段	mittlere Position Siehe: *chūdan-no-kamae*
chūdan no kamae	中段の構え	Schwerthaltung in mittlerer Position *Das Schwert wird dabei vor dem Körper mit der Spitze auf Höhe der Kehle gehalten* Siehe: *kamae und itsutsu no kamae.*
chūken	中堅	*wörtlich:* Rückgrat, Stütze, führende Person, Hauptmacht (der Truppen) *Der mittlere Kämpfer beim Teamtaikai, der zweite von drei bzw. der dritte von fünf Kämpfern.*
chūshin	中心	Mitte, Zentrum, Mittelpunkt, Kern, Innerstes
dai kyō soku kei	大強速軽	groß, stark, schnell und leicht *Eine Art und Weise zu schneiden.*
daihyōshasen	代表者戦	Entscheidungskampf *Bei Gleichstand im Wettkampf.*

daitō	大刀	japanisches Langschwert *Oberbegriff*
dan	段	Stufe, Rang, Graduierung *Die Graduierung zeigt das Level an Geschick und Übungstiefe an. Dan ist höher als kyū.* Siehe: *im Kapitel „Zahlen"*
dattō	脱刀	Schwert nach vorne nehmen, herausnehmen *aus dem Gürtel, dem obi*
dattōtōrei	脱刀刀礼	*Kommando:* das Schwert aus dem Gürtel herauszunehmen und den Schwertgruß ausführen
denbu	臀部	Gesäß
dō	胴	Rumpf, Torso
dōgi	道着	*wörtlich:* Straßenkleidung Siehe: *iaidōgi*
dōjō	道場	*wörtlich:* Ort des Weges, Übungshalle *Halle in der budō geübt wird.*
dōmo	どうも	danke *umgangssprachlich*
dōmo arigatō	どうもありがとう	danke *höfliche Form*
dōzo	どうぞ	bitte schön
enbu	演武	*wörtlich:* Leistung, Aufführung, Vorführung *Öffentliche Vorführung einer Kampfkunst, aber auch Training einer Kampfkunst.*
enbu no hōkō	演武の方向	die Richtung der Vorführung, Vorführungsausrichtung

enbuji no shōmen	演武次の正面	*wörtlich:* vor der Aufführung, Front der Vorführung *Festgelegte Vorderseite bei einer Vorführung.*
enbukai	演武会	Großvorführung, Vorführungstreffen
enzan no metsuke	遠山の目付け	*wörtlich:* Betrachten eines entfernten Berges *Den Gegner im Ganzen sehen, nicht auf einen bestimmten Punkt starren.*
fuchi, fuchigane	縁, 縁金	Griffzwinge *Manschette zwischen Griff (tsuka) und Stichblatt (tsuba).*
fudōshin	不動心	*wörtlich:* unbewegtes Herz, Gelassenheit, ruhiger Geist, ruhiger Geisteszustand, Unerschütterlichkeit, Standhaftigkeit *Mentaler Zustand, der selbst in Gefahr durch nichts abgelenkt wird, aber so flexibel ist, um auf alle Änderungen zu reagieren.*
fukushin	副審	Nebenkampfrichter
fumidasu	踏み出す	Einen Schritt machen, der erste Schritt
fumikaesu	踏み換えす	Schrittwechsel
fumikomiashi	踏み込み足	*wörtlich:* eintretender, überfallender Fuß *Fußbewegung mit Stampfschritt.*
fumikomu	踏み込む	*wörtlich:* eintreten, einbrechen, überfallen *Vorwärts bewegen mit Stampfschritt des vorderen Fußes.*
furikaburi, furikaburu	振りかぶり, 振りかぶる	*wörtlich:* schwingen *Schwert über den Kopf führen, Bewegung des Ausholens.*
ganmen	顔面	Gesicht Siehe: *ZNKR kata ganmenate*

ganmenate	顔面当て	Stoß in das Gesicht Siehe: *ganmen, ateru,* *ZNKR kata ganmenate*
gedan	下段	Untere Position Siehe: *gedan no kamae*
gedan no kamae	下段の構え	niedrige Schwerthaltung *Bei dieser kamae wird das Schwert* *vor dem Körper gehalten und die* *Spitze etwa auf Höhe der Knie-* *scheibe abgesenkt.* Siehe: *kamae und itsutsu no kamae*
gi	着	*wörtlich:* Anzuziehendes; *allgemein:* Kleidung *Oberteil der laidō-kleidung, ge-* *schnitten wie ein kimono mit schma-* *len Ärmeln.*
go	五	fünf
go no sen	後の先	*Wörtlich:* Priorität, Initiative, Zu- vorkommen *Durch Parieren oder Wegschla-* *gen des gegnerischen Schwertes* *schneller bzw. früher treffen, als* *der Gegner seinen erneuten An-* *griff ausführen kann.* Siehe: *mittsu no sen, tai no sen*
godan	五段	fünfter Rang, fünfte Stufe, fünfter Grad
gōgi	合議	gemeinsame Beratung, Bespre- chung
gohonme	五本目	fünfte Form
gokui	極意	letztes Geheimnis, geheimes Prinzip, tiefstes Mysterium, inners- ter Kern, esoterisches Prinzip
gomen nasai	ごめんなさい	entschuldigung, es tut mir leid
gyaku	逆	Gegenteil, umgekehrt, verdreht

gyakukesagiri	逆袈裟切り	umgekehrter kesa-Schnitt *Aufwärtsführender diagonaler Schnitt.*
ha	刃	*wörtlich:* Schneide, Klinge *Schneidfläche, Fläche zwischen habaki und hamon.*
habaki	鎺	Klingenzwinge *Das habaki sitzt wischen Klinge und Stichblatt, dadurch wird das Schwert in der saya festgehalten und die weiteren Montierungen dadurch zusammengehalten. Es passt genau an hamachi und munemachi.*
hachi	八	acht
hachidan	八段	achter Rang, achte Stufe, achter Grad
hadagi, shitagi	膚着, 下着	Unterhemd, Unterwäsche
hai	はい	ja *Bestätigung, Start-Kommando*
hajime	始め	Anfangen, *Kommando:* Anfangen!
hajime no sahō	始めの作法	Begrüßungszeremonie
hajime no tōrei	始めの刀礼	Anfangsschwertgruß, Gruß zum Schwert zu Beginn *des Trainings, der Vorführung*
hakama	袴	Hosenrock, geteilter Rock *weites, traditionell japanisches Beinkleid*
hakamasabaki	袴捌き	*wörtlich:* den hakama handhaben, in Ordnung bringen *den hakama mit der rechten Hand leise nach links fegen*

hamachi	刃区	Einkerbung an der Schneide bzw. der Vorderseite der Klinge *Diese Einkerbung ist für den korrekten Sitz des habaki nötig.* *Die Einkerbung auf der mune-Seite heißt munemachi.* Siehe: *munemachi*
hamon	刃文	Muster der Härtelinie *Grenzlinie zwischen ha und hiraji.*
hanami	刃並	*wörtlich:* Klinge *Hanami bezeichnet die Schnittlinie entlang der Klingenseite z.B. bei schrägen (omote hanami und ura hanami) sowie bei horizontalen Schnitten.* Siehe: *hasuji, omote hanami, ura hanami*
hanmi	半身	Seitwärts, seitlich *Seitliche Körperhaltung, Position in der der Körper des Übenden ca. 45° zum Gegner eingedreht steht. Die Füße stehen in L-Form, das vordere Bein ist gebeugt, das hintere gestreckt. Steht der linke Fuß vorn: hidarihanmi, steht der rechte Fuß vorn: migihanmi.* Siehe: *hitoemi, hidarihanmi, migihanmi*
hanshi	範士	*wörtlich:* Meister, Vorbild *Höchster Lehrer-Titel.* Siehe: *shōgō*
hansoku	反則	Regelverstoß, Regelwidrigkeit
hantei	判定	Kommando: Urteil
happonme	八本目	achte Form
hara	腹	Unterleib, Bauch
hasaki	刃先	Schneide

hassō	八相	*wörtlich:* acht Aspekte, acht Phasen, acht Gesichter, acht Erscheinungen Siehe: *hassō no kamae*
hassō no kamae	八相の構え	*wörtlich:* Acht-Phasen-Schwerthaltung *Das Schwert wird an der Seite, tsuba auf Mundhöhe gehalten und eine Schulter (bei kesagiri die rechte) leicht abgewendet. Die Schneide zeigt nach vorn, die Klinge steigt ca. 45° nach hinten auf.* Siehe: *kamae und itsutsu no kamae*
hasuji	刃筋	*wörtlich:* Klingenlinie *Ausrichtung der Klinge in Linienbezug zwischen hasaki (Schneide) und mune (Schwertrücken); Anstellwinkel, Schwertlinienführung.* Siehe: *hanami*
hayaku	早く	schnell, schneller
heijōshin	平常心	Normaler, disziplinierter Gemütszustand, Selbstbeherrschung, Geistesgegenwart
heso	臍	Nabel
hidari	左	links
hidarihanmi	左半身	*wörtlich:* seitlich links *Körperhaltung, bei der der Körper des Übenden ca. 45° zum Gegner eingedreht steht. Die Füße stehen in L-Form, das vordere Bein ist gebeugt, das hintere gestreckt. Dabei ist der rechte Fuß etwas nach hinten rechts gezogen und die Ferse ca. 45° nach innen gedreht.* Siehe: *hanmi, migihanmi, hitoemi*
hidarigawa	左側	linke Seite
hiji	肘	Ellenbogen

hikinuki	引抜き	herausziehen
himo	紐	Band, Bänder *z. B. des hakama*
hira	平	*wörtlich:* flach, breit *Seite der Klinge zwischen shinogi und ha, einschließlich hiraji und hamon.*
hiraji	平地	Fläche zwischen hamon und shinogi
hitoemi	一重身	*wörtlich:* seitlich *Position in der der Körper des Übenden ungefähr die halbe Körperseite (ca. 90°) zum Gegner gedreht bzw. geöffnet steht. Die Füße stehen hier nahezu parallel und zeigen eher in die gleiche Richtung (vgl. hanmi). Hitoemi nehmen wir in der ZNKR kata shihogiri nach dem sayabiki und unmittelbar vor dem Stich ein. Äquivalent zu hitoemi ist hanmi. Bei hanmi stehen die Füße jedoch in L-Stellung.* Siehe: *hanmi*
hitoiki	一息	Ein einziger Atemzug *Das Intervall zwischen zwei Atemzügen ist ein verletzlicher Moment und bietet dem Gegner die Gelegenheit zum Angriff. Daher ist es wichtig, waza in einem Atemzug auszuführen, um dem Gegner keine Angriffsmöglichkeit zu geben.*
hitosashiyubi	人差し指	Zeigefinger
hiza	膝	Knie
hō	方	Richtung Siehe: *ZNKR kata sanpōgiri, shihōgiri*
hon	本	*Zählwort für Zahlen und lange Gegenstände* Siehe: *ipponme, nihonme etc.*

Iaidō	居合道	*wörtlich:* Der Weg anwesend, ganz konzentriert zu sein *Beschreiben kann man es als Kunst ganz wach, konzentriert und aufmerksam zu sein, um auf jede Veränderung richtig zu reagieren.* *Übungsform in der ein katana oder ein iaitō verwendet wird. Iaidō ist eine Form des budō, mit dem Ziel, Körper und Geist zu trainieren und den Charakter durch ständiges Üben zu kultivieren.*
iaidōgi	居合道着	Trainingskleidung für Iaidō, Siehe: *hakama, obi, gi*
iaidōka	居合道家	Übender im Iaidō
iaigi	居合着	Siehe: *iaidōgi*
iaigoshi	居合腰	*wörtlich:* iai-Hüfte *Stabiler Stand mit abgesenkter Hüfte.*
iaihiza	居合膝	*wörtlich:* iai-Knie *Auf der linken Ferse sitzend, rechter Fuß ist aufgestellt.* Siehe: *tatehiza*
iaihiza no bu	居合膝の部	*wörtlich:* iai-Knie Teil
iaitō	居合刀	Iaidō-Schwert, *in Form, Länge und Gewicht einem nihontō nachempfunden, jedoch nicht geschmiedet und nicht geschärft*
ichi	—	eins
igi	異議	Einspruch, Einwand
iie	いいえ	nein *Im Japanischen wird es vermieden, dieses Wort direkt zu verwenden.*

ikkyū	一級	erste Klasse, Spitze, höchster Rang
ipponme	一本目	erste Form
irimi	入り身	*wörtlich:* in den Körper eindringen *Der Übende steht seitlich zum Gegner und dringt in dessen Raum ein.*
issoku	一足	ein Schritt
itsutsu no kamae	五つの構え	Die fünf kamae-Positionen Siehe: *jōdan no kamae, chūdan no kamae, gedan no kamae, hasso no kamae und waki no kamae*
jikuashi	軸足	*wörtlich:* Achsenfuß, Drehfuß *Der ganze Körper dreht sich auf einer Achse, die von diesem Fuß ausgeht.*
jinkaku	人格	Persönlichkeit
jinkakukeisei	人格形成	Persönlichkeitsbildung Siehe: *ningenkeisei*
jo ha kyū	序破急	*wörtlich:* beginnen/ Anfang, zerreißen/ zerbrechen, plötzlich/ schnell *langsam, schneller, so schnell wie möglich* *Das Prinzip des jo ha kyu findet sich in der Natur sowie in den klassischen und traditionellen Künsten. Es beschreibt die natürlichen Phasen eines Spannungsbogens. Eröffnung, Mitte und Höhepunkt. Beispiel: Welle, die sich langsam Richtung Küste bewegt, sich auftürmt und schließlich tosend bricht.*
jōdan	上段	obere Stufe, Überkopfposition Siehe: *jōdan no kamae*
jōdan kara kiriorosu	上段から切り下ろす	von oben abwärts schneiden

jōdan kara mak-kō ni kiriorosu	上段から真っ向に切り下ろす	von oben direkt/frontal abwärts schneiden
jōdan no kamae	上段の構え	obere Schwerthaltung *(über dem Kopf)* *Schwerthaltung, bei der das Schwert über dem Kopf gehalten wird. Die Klinge steigt dabei ca. 45° nach hinten auf; im laidō wird vorwiegend das morote hidari jōdan no kamae angewendet; dabei steht der linke Fuß etwas weiter vorn und der Körper und der rechte Fuß wird etwas einge-dreht.* Siehe: *kamae und itsutsu no kamae*
jōge	上下	oben und unten, auf und ab, hoch und runter
jōgeburi, jōge-suburi	上下振り、上下素振り	Hoch und runter Übungsform *Übungsform, in der das Schwert ohne Stopp hoch über den Kopf gehoben wird ohne dabei den Griff zu verändern.*
jōhō	上方	Oben, über, höher, oberer Teil, Oberteil
jōseki	上席	Ehrenplatz *Platz im dōjō, an dem sich die höher graduierten Personen be-finden.*
jōseki ni rei	上席に礼	*Wörtlich:* Gruß zu den Höhergestell-ten *Kommando für den Gruß zu den WKR und den Offiziellen*
jū	十	zehn
jūipponme	十一本目	elfte Form
jūnihonme	十二本目	zwölfte Form

jupponme	十本目	zehnte Form
kaeritsuno	返角	*wörtlich:* Umkehrhaken, Rückkehr-haken *Kleiner Haken an der saya, der den Zweck hatte, die saya während des Ziehens im obi zu halten.*
kahō	下方	nach unten, abwärts, tiefer, unterer Teil
kaichō	会長	Vorsitzender, Vorstand, Präsident
kakato	踵	Ferse
kamae	構え	*wörtlich:* Haltung *Der Übende ist auf jeden Angriff und jede Aktion des Gegners vorbereitet und kann entsprechend reagieren bzw. angreifen. Siehe: itsutsu no kamae*
kami	神	Naturgottheit
kami no ashi	神の足	*wörtlich:* Götterfuß, Gottesfuß *Fuß der näher zur kamiza steht.* Siehe: *shimo no ashi*
kamisama	神様	Gott, Götter
kamiza	上座	Ehrenplatz
kamiza ni rei	上座に礼	Gruß, Verneigung zum kamiza *(Ehrenplatz)*
kantoku	監督	Teammanager, Mannschaftsführer, Trainer
kantokuki	監督旗	Fahne des Teammanagers
kashiragane	頭金	Griffende, Metallkappe am Griffende
kasōteki	仮想敵	angenommener Gegner, imaginärer Gegner, fiktiver Feind
kasōteki	仮想的	virtuell

kata	肩	Schulter
kata	形	Form *Festgelegte Übungsform in der der ideale Stand der Techniken, der Körperbewegungen und des Geistes eines Übenden korrekt ausgedrückt werden kann.*
katageiko	形稽古	kata-Training
katana	刀	japanisches Schwert, einschneidige Waffe *Das katana wird mit der Schneide nach oben zeigend in den obi gesteckt getragen.* Siehe: *nihontō*
katanakoshirae	刀拵え	*wörtlich:* Schwertzubehör Siehe: kōgai
katana no nagasa	刀の長さ	Klingenlänge *Gemessen von der Schwertspitze bis zum munemachi.*
katana no okikata	刀の置き方	das Schwert hinlegen/ ablegen
katana no torikata	刀の捕り方	das Schwert aufnehmen
keikogi	稽古着	*wörtlich:* Trainingskleidung, Übungskleidung *Diese Bezeichnung wird vor allem im budō verwendet.* Siehe: *iaidōgi*
keikohō	稽古法	Trainingsmethode *Zum Beispiel um die Geschicklichkeit zu fördern.*
keitoshisei	携刀姿勢	*wörtlich:* stehende Haltung mit dem Schwert in der Hand *Haltung in der das Schwert an der linken Seite gehalten wird (in einem 45° Winkel, Daumen am tsuba).*

ken no rihō	剣の理法	Die Prinzipien bzw. Gesetze des katana
Kendō	剣道	*Wörtlich:* Schwertweg *Eins-zu-Eins Schwertkampf bei dem das Schwert durch das shinai, ein Bambusschwert, ersetzt wird und die Kämpfer Rüstungen sogenannte kendō-gu tragen. Kendō ist ebenfalls eine Form des budō, mit dem Ziel, Körper und Geist zu trainieren und den Charakter durch ständiges Üben zu kultivieren.*
kendōgi	剣道着	Kendō-Kleidung, Kendō-Uniform
kendōka	剣道家	Kendō-Übender, Kendō-Sportler, Kendō-Treibender
Kenjutsu	剣術	*wörtlich:* Schwertkunst *Das kenjutsu bezieht sich auf die Kunst einen Gegner mit dem Schwert zu bekämpfen. Damit wird auch der Kampf und kata zweier Gegner mit bokutō beschrieben.*
kensaki	剣先	Schwertspitze *Durch kensaki wird Druck auf den Gegner ausgeführt.* Siehe: *seme*
kensen	剣先	Schwertspitze *Durch kensen wird der Druck auf den Gegner ausgeführt.* Siehe: *seme*
kesa	袈裟	buddhistisches Mönchsgewand *Es wird so getragen, dass eine Schulter frei bleibt.*

| kesachiburi | 袈裟血降り | wörtlich: entlang der kesa das Blut abregnen lassen
Ausholende Bewegung mit einer schnittähnlichen diagonalen Abwärtsbewegung um die Klinge zu säubern. |
| kesagiri | 袈裟切り | diagonaler Schnitt
Schnitt entlang des kesa.
Siehe: kesa, kiru,
ZNKR kata kesagiri |
| ki | 気 | Geist, Seele, Charakter, innere Stärke, Energie, Bewusstsein, Temperament, Gefühl, Stimmung, Aufmerksamkeit, Absicht, Atem, Luft, Natur |
| ki ken tai itchi | 気剣体一致 | Einheit von Geist, Körper und Schwert
Dies beschreibt ein wichtiges Element für die Bewegungen im Iaidō. Ki bezeichnet den Geist, ken bezieht sich auf die Handhabung des Schwertes und tai auf die Körperbewegungen und -haltungen. Wenn diese drei Elemente harmonisieren und in korrektem Timing zusammenarbeiten (itchi), schaffen sie die perfekten Konditionen für starke und überzeugende kata. |
| kiai | 気合 | Ermutigung, Entschlossenheit, Energie
Im budō wird der Kampfschrei so bezeichnet. |
| kigamae | 気構え | Bereitschaft, Entschlossenheit, Voraussicht, Vorahnung
Der Körper ist in Alarmbereitschaft, um auf die Bewegungen des Gegners zu reagieren. |

kigurai	気位	*wörtlich:* Selbstvertrauen, Stolz, Hochmut *Selbstvertrauen durch technische Sicherheit, Präsenz und hohe Erwartung.*
kihaku	気迫	Geist, geistige Energie, Charakter *Geistesstärke in jeder Situation.*
kihon	基本	Grundlage, Fundament, Basis
kihongeiko	基本稽古	Grundlagentraining
kime; kimaru	決め; 決まる	Entschlossenheit, *eine Aktion konsequent duchzuführen*, Entscheidung, Konzentration, Schärfe; bestimmen, entscheiden, einen Beschluss fassen, eine Entscheidung treffen, von etwas überzeugt sein
kimochi	気持ち	Gefühl, Empfindung, Haltung *einer Sache gegenüber*
kinchō	緊張	Spannung, Anspannung, Körperspannung
kirioroshi	切り下ろし	Abwärtsschnitt
kiriorosu	切り下ろす	abwärts schneiden
kiriotosu	切り落とす	niederstrecken
kiritsu	起立	aufstehen
kiritsuke	切り付け	*mit dem Schwert* einen Schnitt ausführen, schneiden
kiru	切る, 斬る	schneiden Siehe: *ZNKR kata kesagiri, sanpōgiri, shihōgiri*

kiryoku	気力	Willenskraft, Lebenskraft, Tatkraft, Energie, Überzeugungskraft *Im Iaidō ist vor allem die Willens-* *kraft auch über die eigenen Gren-* *zen hinaus gemeint.*
kisei	気勢	Mentale Kraft, Ausdruck, Energie, Überzeugungskraft, Tapferkeit, Mut, Elan
kissaki	切先	Schwertspitze *Gemessen vom yokote bis zum* *Spitzenpunkt.* Siehe: *bōshi*
kiza	跪座	*wörtlich:* auf die Knie fallen *Sitzposition in der nur die Zehen den* *Boden berühren, die Fußsohlen* *nach hinten zeigen und das Gesäß* *auf den Fersen sitzt.*
kizeme	気攻め	*wörtlich:* Attacke, Angriff durch inne- re Stärke *Die Art, einen Gegner durch Energie* *und Willen zu überwinden. Angreifen* *ohne Bewegung nur durch starken* *Geist oder mentalen Druck.*
kobushi	拳	Faust
kōdansha	高段者	Hochgraduierte Person, hochrangi- ger Meister *Im allgemeinen ab 6. dan und höher,* *in der ZNKR ab 7. dan und höher.*
kōgai	笄	Schwertnadel *Wurde z.B. zum Befestigen der Haa-* *re benutzt und manchmal als ein Teil* *des katanakoshirae in einer speziel-* *len Vorrichtung zum Einstecken an* *der saya getragen.* Siehe: *katanakoshirae*

kogatana	小刀	Wörtlich: kleines Schwert *Nützliches kleines Messer, das in einer Art Tasche an der Seite der saya befestigt ist. Heute: Taschenmesser.*
kōhai	後輩	*wörtlich:* Junior, Jüngerer *Person, die später eingetreten ist oder angefangen hat, jüngerer Mitschüler.*
kōhei	小平	unparteiisch, fair, gerecht
kōhō	後方	Rückseite, hinterer Teil, Hinterseite
koiguchi	鯉口	wörtlich: Karpfenmaul, saya-Öffnung *Es wird traditionell aus Horn gefertigt.*
koiguchi o kiru	鯉口を切る	*Wörtlich:* Karpfenmaul schneiden *die Klinge lockern*
kojiri	鐺	Ende der saya, Endstück *Endstück an der saya zum Schutz. Traditionell aus Horn hergestellt, häufig auch aus Metall und mit Verziehrungen.*
kokki ni rei	国旗に礼	*wörtlich:* Gruß zur Nationalflagge *Kommando für den Gruß zu den Landesflaggen.*
kokoro	心	Herz, Seele, Gemüt, Geist, Gefühl, Sinn
kokorogamae	心構え	Geistige Haltung, Gesinnung, Einstellung, Anschauung, Bereitschaft, Bereitwilligkeit
kokyū	呼吸	Atmung

kokyūhō	呼吸法	Atemtechnik, Atemmethode *Die korrekte Atemtechnik im Iaidō ist wichtig, um einen wachen Geist und eine aufmerksame Haltung zu erzeugen, und um die Gedanken ruhig zu halten/eine ruhige Denkweise aufrechtzuerhalten.*
komekami	顳顬	Schläfe
koryu	古流	*wörtlich:* alte Manieren, alte Schule, historische, traditionelle Schule
koshi	腰	Hüfte
koshi ita	腰板	*wörtlich:* Hüftplatte, Hüftbrett *Rückenplatte des hakama, harte Verstärkung im Rückenteil eines hakama.*
koshinogi	小鎬	kleine Gratlinie *Linie des shinogi durch die Fläche der bōshi/kissaki.*
koshirae	拵え	*wörtlich:* Zubehör Siehe: *katanakoshirae, kōgai*
kōtai	交替, 交代	Wechsel *z.B. Wechsel der Kampfrichter*
koyubi	小指	kleiner Finger, kleine Zehe
kozuka	小柄	dekorativer Griff des kogatana
kubi	頸	Nacken, Hals, Kopf
kuchi	口	Mund
kumitachi	組太刀	*wörtlich:* Paar *mit* Langschwert *Sammelbegriff für alle Formen von paarweisen Übungen auch kata, Partnerübung/-en.*
kurai	位	Rang, Grad, Selbstvertrauen *durch technische Sicherheit*

kurigata	栗形	*wörtlich:* Kastanie *Name der Öse an der saya, zur Befestigung des sageo.*
kusuriyubi	薬指	Ringfinger
kyōshi	教士	Lehrer *Der mittlere Lehrer-Titel für unterrichtende Lehrer.* Siehe: *shōgō*
kyu	級	Schüler-Graduierung *auch Kinder-Graduierungen*
kyū, ku	九	neun
kyūhonme	九本目	neunte Form
ma	間	Zwischenraum, Abstand, Raum, Entfernung, Beziehung, Zeitraum, Pause
maai	間合	räumlicher und zeitlicher Abstand
mae	前	vorn Siehe: *ZNKR kata mae*
makidome	巻止	*wörtlich:* Wickelstopp, Knoten *Knoten der Griffwicklung nahe des tsukagashira.*
makishitasame	巻下鮫	Rochenhaut unter der Griffwicklung
makkō	真っ向	frontal, direkt, ins Gesicht
makkō kara kiri	真っ向から切り	direkt schneiden
makkō kara kiriorosu	真っ向から切り下ろす	direkt nach unten schneiden
matadachi	股だち	seitliche Schlitze am hakama
matte	待って	warte, wartet
mawaru	回る	sich drehen, kreisen, herumschwingen, umwenden

me	目	Auge
mei, omotemei	銘,表銘	Signatur in der Schwertangel
mekugi	目釘	Schwertniete, Schwertzapfen *Kleiner Bambusstift zur Sicherung der Schwertangel im tsuka.*
mekugiana	目釘孔	*wörtlich:* mekugi-Loch *Loch in der Schwertangel für den mekugi (Bambusstift).*
men	面	Gesicht, Maske
menjō	免状	Zeugnis, Diplom, dan-Urkunde
menuki	目貫	Griffverzierung *Unter der Griffwicklung für besseren Halt in den Handflächen. Ursprüng- lich auch um das mekugi originell zu verstecken.*
metsuke	目付け	Einsatz der Augen, *Blick zum Gegner*
migi	右	rechts
migihanmi	右半身	*wörtlich:* seitlich rechts *Körperhaltung, bei der der Körper des Übenden ca. 45° zum Gegner eingedreht steht. Die Füße stehen in L-Form, das vordere Bein ist ge- beugt, das hintere gestreckt. Dabei ist der linke Fuß etwas nach hinten links gezogen und die Ferse ca. 45° nach innen gedreht.* Siehe: *hanmi, hidarihanmi, hitoemi*
migi ni hiraite no chiburui	右にひらいての 血降るい	*wörtlich:* nach rechts öffnendes chiburi *Schwertbewegung zur Seite um die Klinge zu säubern.*
migigawa	右側	rechte Seite
mimi	耳	Ohr

mitorigeiko	看取り稽古	Lernen durch genaues Zusehen *Das Training Anderer wird genau beobachtet. Gute Punkte werden auf eigene Bewegungen reflektiert und so das eigene laidō verbessert.*
mitsugashira, mitsukado	三頭, 三角	*wörtlich:* drei Spitzen, drei Köpfe, drei Ecken *Punkt, an dem sich shinogi, yokote und koshinogi treffen.*
mittsu no sen	三つの先	drei sen *wörtlich:* Priorität, Initiative, Zuvor-kommen *Im laidō ist es wichtig zu verstehen, dass ein gegnerischer Angriff bereits im frühestmöglichen Moment unter-drückt werden kann. Diese drei Möglichkeiten hat Takano Sasaburō in seinem Buch „Kendō" erklärt mit: sensen no sen, sen und go no sen.* Siehe: *tai no sen*
mizoochi, mi-zuochi, kyūbi	鳩尾	Magengrube
mokusō	黙想	*wörtlich:* Meditation, Kontemplation, schweigend denken *Schweigend Haltung, Atem und Aufmerksamkeit zusammenbringen.*
mon	紋	Familienwappen
monouchi	物打	*wörtlich:* Ding zum Schlagen *Vorderer Bereich der Klinge ca. 10 cm von der Spitze. Dies ist der Teil des Schwertes, mit dem am besten und effektivsten geschnitten wird.*
montsuki	紋付	*wörtlich:* Familienwappen angeheftet *Traditionelle japanische Jacke mit weiten Ärmeln und Wappen (mon). Wird im laidō als Kampfrichter und bei Prüfungen ab 6. Dan getragen.*
moro	諸	beide Siehe: *ZNKR kata morotetsuki*

morote	諸手	beidhändig Siehe: *ZNKR kata morotetsuki*
morotetsuki	諸手突き	beidhändiger Stich Siehe: *morote, tsuki,* *ZNKR kata morotetsuki*
mudansha	無段者	Person ohne dan-Graduierung
mugamae	無構え	*wörtlich:* sich um nichts kümmern, bereit *Geistes- und Körperhaltung in der* *zu jeder Zeit auf Angriffe aus jeder* *Richtung reagiert werden kann.*
mune	胸	Brust
mune	棟	Schwertrücken, Rückseite der Klinge *Die stumpfe Seite der Klinge.*
munemachi	棟区	Einkerbung am Schwertrücken *Diese Einkerbung ist für den korrekten Sitz des habaki nötig.* *Die Einkerbung auf der ha-Seite heißt hamachi.* Siehe: *hamachi*
munenmusō	無念無想	Mentale Selbstlosigkeit *frei von weltlichen Gedanken*
mushin	無心	*wörtlich:* leerer Geist, unbelasteter Geist *absolute Gelassenheit* Siehe: *munenmusō*
nafuda	名札	Namensschild *Wird bei Lehrgängen und taikai links auf dem iaigi bzw. bei Wettkampfrichtern auf dem montsuki getragen. Darauf soll Name und Ort der Herkunft zu erkennen sein.*
nagasu, nagashi	流す, 流し	abtropfen lassen, fließen, gießen, vergießen Siehe: *ZNKR kata ukenagashi*

naginata	長刀, 薙刀	*wörtlich:* langes *bzw.* niedermähendes Schwert *Helebarde mit stark gekrümmter einschneidiger Klinge.*
nakago	茎	Schwertangel
nakagojiri	茎尻	Ende der Schwertangel
nakayubi	中指	Mittelfinger
namiashi	並足	der gewöhnliche, der langsame Schritt
nanadan	七段	siebter Rang, siebte Stufe, siebter Grad
nanahonme	七本目	siebte Form
naname	斜め	schräg, schief, diagonal, Neigung
ni	二	zwei
nidan	二段	zweiter Rang, zweite Stufe, zweiter Grad
nihonme	二本目	zweite Form
nihontō	日本刀	*wörtlich:* japanisches Schwert *Oberbegriff für ein Schwert, das nach japanischer Tradition gefertigt wurde.*
ningenkeisei	人間形成	*wörtlich:* Menschenbildung *Streben nach körperlicher und geistiger Perfektion als Mensch.* Siehe: *jinkakukeisei*
nitōryū	二刀流	*wörtlich:* Zweischwerterschule *Stilrichtung des Schwertkampfes, bei der zwei Schwerter benutzt werden. Oft werden daitō (Langschwert) und shōtō (Kurzschwert) verwendet.*
nodo	喉	Kehle

nōtō	納刀	*wörtlich:* Schwertaufbewahren, Schwertzurückführen *Zurückführen der Klinge in die saya*
nukiage	抜き上げ	Ziehen des Schwertes mit sofortiger Aufwärtsbewegung *Zum Beispiel bei der ZNKR kata kesagiri.*
nukiageru	抜き上げる	*wörtlich:* hochziehen, nach oben ziehen *Das Schwert nach oben ziehen.*
nukitsuke	抜き付け	Ziehen des Schwertes mit fließendem, direktem Übergang zum Schnitt *Hier wird dem Gegner die Möglichkeit zur Aufgabe eingeräumt. Zum Beispiel bei der ZNKR kata mae.*
nukiuchi	抜き打ち 抜打ち	*wörtlich:* plötzlich, ohne Ankündigung, ohne Warnung, ohne Vorzeichen, ziehen und schlagen, ziehend schlagen, etwas unerwartetes tun *Plötzliches, unerwartetes und entschlossenes Ziehen des Schwertes und sofortiges Zuschlagen bzw. Schneiden, um einen eventuellen Nachteil (z. B. Gegner sind in der Überzahl) ausgleichen zu können. Beispielsweise bei den ZNKR-Formen morotetsuki, sanpōgiri und nukiuchi.* Siehe: *nuku, utsu, uchi, ZNKR kata nukiuchi*
nukiuchi ni kiritsuke	抜き打ちに切り付け	*wörtlich:* ohne Vorzeichen schneiden *überraschend und ohne Zögern schneiden, duchziehen*
nuku	抜く	herausziehen Siehe: *nukiuchi, ZNKR kata nukiuchi*
nyūjō	入場	wörtlich: Eintritt *Kommando: Vortreten auf Wettkampf- bzw. Prüfungsfläche*

obi	帯	Gürtel, Schärpe
ōkii	大きい	groß
okuden	奥伝	*wörtlich:* tiefe/ innere Überlieferung, esoterisch *Im budō bezeichnet okuden die Unterrichtung der Geheimnisse einer Kunst durch einen Meister.*
okuriashi	送り足	*wörtlich:* der gesendete, losge-schickte Fuß *Es bezeichnet den Impuls bzw. Druck, den der hintere Fuß dem vorderen gibt, damit sich dieser als erstes bewegt. Im laidō steht meistens der linke Fuß hinten und der rechte vorn. Okuriashi gilt grundsätzlich auch bei umgekehrt stehenden Füßen.*
omote	表	Vorderseite, Stirnseite, Front
omote hanami	表刃並	vordere Schnittlinie *wörtlich:* vordere Klinge *Hanami bezeichnet die Schnittlinie entlang der Klingenseite z.B. bei schrägen (omote hanami und ura hanami) sowie bei horizontalen Schnitten* Siehe: *hasuji, hanami, ura hanami*
onegai shimasu	お願いします	*wörtlich:* ich bitte darum, bitte *Um etwas bitten z.B. gemeinsames Üben oder Unterricht. Dieser Ausdruck wird bei der Anfangszeremonie verwendet.*
orosu	下ろす	fallen lassen Siehe: *kiriorosu, kirioroshi*

osamete	納めて	*wörtlich:* aufbewahren, zum Abschluß bringen, zurückstellen, zurücklegen *Aufforderung, das Schwert einzustecken und die Übung zu unterbrechen um einer Erklärung zuzuhören.*
otagai ni rei	お互いに礼	gegenseitige Verneigung, Verneigung untereinander *z.B. in einer Übungsgruppe*
owari no reihō	終わりの礼法	*wörtlich:* Manieren zum Ende *Gruß zum Schwert und shōmen am Ende einer Vorführung oder des Trainings.*
owari no sahō	終わりの作法	Endzeremonie, Abgrüßen
oyayubi	親指	Daumen
rei	礼	*wörtlich:* Begrüßung, Dank, Höflichkeit, gute Umgangsformen *Benehmen und Verhalten welches Respekt den Anderen gegenüber zeigt. Im Iaidō werden die Übenden zu Anfang und zum Ende der Übung durch die Aufforderung „rei" angehalten, dies gegenüber der Lehre, dem Lehrer und den Mitübenden auszudrücken.*
reigi	礼儀	*wörtlich:* Benehmen, Höflichkeit , Anstand, gute Manieren *(als Eigenschaft)* *Im Iaidō ist damit das gesamte Grußzeremoniell gemeint.*
reihō	礼法	*wörtlich:* Benehmen, Höflichkeit, Anstand, gute Manieren *(als Methode)* *Im Allgemeinen wird zwischen ritsurei (Verneigen im Stehen Richtung shōmen), zarei (Verneigen im seiza) und tōrei (Verneigen zum Schwert) unterschieden.*

renshi	錬士	*wörtlich:* Gelehrter der Übung *Der niedrigste Lehrer-Titel.* Siehe: *shōgō*
renzokuwaza	連続技	fortlaufende Technik *Fließender Übergang verschiedener Teilbewegungen in einer kata. Besonders im Training sollen Bewegungen (kata oder kihon) präzise und fließend ineinander übergehen.*
riai	理合い	*wörtlich:* Wahrheit, Vernunft, Prinzip, Logik *Das Können, eine Technik rational, entschlossen und sinnvoll umzusetzen. Vereinigung von Tat, Theorie, Grund und Vernunft.*
rihō	理法	Naturgesetz, Logik
ritsurei	立礼	Verneigen im Stehen *z.B. Richtung shōmen, ca. 30 °*
roku	六	sechs
rokudan	六段	sechster Rang, sechste Stufe, sechster Grad
ropponme	六本目	sechste Form
sabaku, sabaki	捌く, 捌き	verwenden, einsetzen, handhaben, behandeln, nutzen Siehe*: ashisabaki, tōsabaki, tesabaki, taisabaki*
sae	冴え	Geschicklichkeit *Schärfe und Klarheit einer Technik.*
sageo	下緒, 下げ緒	Schwertband *Band an der saya.*
sagetōshisei	下げ刀姿勢	*wörtlich:* Schwerthaltung *Körperhaltung beim (entspannten) Tragen des Schwertes in der Hand.*
sahō	作法	Etikette, Lebensart, Benehmen, Manieren, Sitte, Methode

samehada	鮫肌	*wörtlich:* raue Haut *Haut des südostasiatischen Stachelrochens, die auf den Holzgriff geklebt wird, um der Baumwoll-, Seiden- oder Lederwicklung einen besseren Halt zu geben.*
samekawa (samegawa)	鮫皮	Haifischhaut Siehe: *samehada*
san	三	drei
sanbonme	三本目	dritte Form
sandan	三段	dritter Rang, dritte Stufe, dritter Grad
sanpōgiri	三方切り	Schnitte in drei Richtungen Siehe: *san, hō, kiru,* *ZNKR kata sanpōgiri*
saya	鞘	Schwertscheide *Traditionell ist sie hölzern und lackiert, gelegentlich verziert.*
saya no uchi no kachi	鞘の内の勝ち	*wörtlich:* innerhalb der saya siegen/gewinnen *Siegen ohne das Schwert zu ziehen.*
sayabanare	鞘放れ	*wörtlich:* Hüllenfreigabe, saya befreien, entfesseln *Geschickte, erfahrene Trennung von Klinge und saya.*
sayabiki	鞘引き	*wörtlich:* saya ziehen *Bewegung der saya beim Ziehen der Klinge.*
sayamodoshi	鞘戻し	*wörtlich:* saya zurückbewegen *Zurückbringen der saya in die korrekte Position. Zum Beispiel beim Übergang vom Ziehen zum beidhändigen Schnitt.*

seika tanden	臍下丹田	unterer Bauchbereich, unterhalb des Bauchnabels, Körperzentrum unterhalb des Bauchnabels *Es heißt, dass dieser Bereich besonders wichtig für innere Ruhe, Vitalität und rationale Reaktionen ist.* Siehe: *tanden*
seiretsu	整列	*wörtlich:* in die Reihe stellen *Kommando zum Aufstellen in einer Reihe.*
seiza	正座	*wörtlich:* aufrecht sitzen *Traditioneller Fersensitz: die Knie auf einer Linie, die Fußoberseiten liegen auf dem Boden, die großen Zehen beider Füße liegen nebeneinander. Der Rücken ist aufgerichtet und die Hände liegen mit geschlossenen Fingern auf dem Oberschenkel. In Japan wird dies als die korrekte Art zu sitzen verstanden.*
seiza no bu	正座の部	*wörtlich:* seiza-Teil *Diese Techniken werden aus dem seiza heraus begonnen.*
seiza no shisei	正座の姿勢	sitzende Haltung, Sitzhaltung
seme, semeru	攻め, 攻める	*wörtlich:* Angriff, angreifen *Druck auf den Gegner. Das heißt, den Gegner durch mentale und physische Bewegung aus dem Gleichgewicht zu bringen und ihn daran zu hindern, sich frei bewegen zu können.*
sen	先	Initiative, Zuvorkommen, Spitze, Ende, Stirn, Front, Kopf, Führung, Voraus Siehe: *mittsu no sen*

sen no sen	先の先	*wörtlich:* voraus, zuvorkommend, bevor E*rster Angriff vor des Gegners Angriff.* *Treffen bzw. schneiden, in dem Moment in dem der Gegner seinen Angriff ausführt.* *Siehe: mittsu no sen*
senpai	先輩	Senior, der Ältere *Person, die an Dienstjahren/ Erfahrung/ Lebensjahren voraus ist, älterer Mitschüler, Fortgeschrittener.*
senpō	先鋒	*wörtlich:* Spitze, Vorhut *Erster Kämpfer im Team bei Mannschaftsmeisterschaften.*
sensei	先生	Lehrer, Meister, Lehrmeister *Wird als Anrede verwendet.*
sensei (gata) ni rei	先生(がた)に礼	Gruß, Verneigung zum Lehrer (zu den Lehrern)
sensen no sen	先々の先	*wörtlich:* der Zeit voraus *Treffen bzw. schneiden, sobald sich der Gegner auf den Angriff festgelegt hat, aber bevor dieser sich bewegt.* *Siehe: mittsu no sen*
seppa	切羽	Scheibe *Auf beiden Seiten des Stichblattes um die Montur zu festigen.*
shi, yon	四	vier
shiai	試合	Wettkampf, Turnier
shiaijo	試合場	Wettkampfplatz *im laidō bestehend aus zwei Wettkampfflächen.*
shichi, nana	七	sieben

shidachi	仕太刀	*wörtlich:* das ausführende Schwert *Person, die bei Partnerübungen mit bokken die Rolle des Lernenden übernimmt. Die (Technik) ausführende Seite (z.B. beim tachi uchi no kurai).* Siehe: *uchidachi*
shihan	師範	*wörtlich:* beispielhafter Lehrer, Meister *Person mit außergewöhnlichem Charakter und beispielhafter laidō-Technik, der fähig ist, besonders zu unterrichten.*
shihō	四方	die vier Himmelsrichtungen, alle Himmelsrichtungen Siehe: *shi, hō, ZNKR kata shihōgiri*
shihōgiri	四方切り	Schnitte in vier Richtungen *Zum Beispiel in alle vier Himmelsrichtungen.* Siehe: *shi, hō, kiru,* *ZNKR kata shihōgiri*
shimo no ashi	下の足	*wörtlich:* unterer Fuß, hinterer Fuß *Der Fuß, der weiter entfernt zur kamiza steht.* Siehe: *kami no ashi*
shin	心	Seele, Herz, Gemüt, Gefühl, Sinn
shinken	真剣	*wörtlich:* echtes Schwert, ernst, ernsthaft *Geschmiedetes Schwert mit scharfer Klinge.*
shinkenshōbu	真剣勝負	*wörtlich:* Kampf mit echten Schwertern, *Kampf auf Leben und Tod* *Die Bedeutung im laidō ist: so ernsthaft zu üben, als hänge das eigene Leben davon ab.*

shinogi	鎬	*wörtlich:* Gratlinie, Schwertklingengrat *Bezeichnung für die Kante, die die Fläche zur Schneide (hiraji) und zum Rücken (shinogi-ji) begrenzt. Es bezeichnet die dickste Stelle der Klinge, die bei einem Block zum Einsatz kommt.*
shinogiji	鎬地	*wörtlich:* Gratlinienfläche *Fläche in der Nähe des Schwertrückens zwischen shinogi und mune.*
shinpan	審判	Wettkampfrichten, Entscheidung bei einem Wettkampf
shinpan kisoku	審判規則	Schiedsrichtervorschriften, -regeln
shinpanchō	審判長	Schiedsrichterdirektor, Turnierleiter, oberster Richter
shinpanhō	審判法	*wörtlich:* Schiedsrichtergesetz *In der ZNKR sollen alle Wettkämpfer und Wettkampfrichter dem ken no rihō (den Prinzipien des katana) folgen. Sie sind verpflichtet fair und unparteiisch zu handeln entsprechend den Regelungen und den untergeordneten Regeln des laidō-shiai und -shinpan der ZNKR. Siehe: ken no rihō*
shinpanin	審判員	Schiedsrichter, Wettkampfrichter
shinpanin no fukusō	審判員の服装	Kleidung der Schiedsrichter *im laidō sind das hakama, montsuki und shirotabi.*
shinpanki	審判旗	Fahnen der Schiedsrichter *rot und weiß*
shinpanshushin	審判主審	Hauptwettkampfrichter *Kampfplatzleiter*
shinsa	審査	Prüfung, Untersuchung
shinza	神座	Göttersitz, Sitz der Götter

shinza e no rei	神座への礼	Gruß, Verneigung, Respekt zum Göttersitz
shirasaya	白鞘	*wörtlich:* weiße Schwertscheide *Hölzerne Schwertscheide, zur Aufbewahrung einer wertvollen Klinge.*
shirotabi	白足袋	weiße japanische Socke *Schnallensocke mit abgeteilter großer Zehe. Wird von Wettkampfrichtern getragen.*
shita	下	unten
shitodome	鵐目	Metallmontierung *Ästhetisches Accessoire an der kurigata. Häufig modern reproduziert in goldähnlichem Metall.*
shōbu	勝負	*wörtlich:* Wettkampf, Spiel, Match, Sieg oder Niederlage
shōbu ari	勝負あり	*wörtlich:* wir haben das Spiel, den Wettkampf bestritten, *es gibt eine Entscheidung Ankündigung, die der Hauptkampfrichter gibt, um die Entscheidung über Sieg und Niederlage klar darzustellen.*
shodan	初段	erster Rang, erste Stufe, erster Grad
shōgō	称号	Titel, Grad *Im laidō gibt es drei Titel, die den Level an Vollendung der Übung als iaidōka anzeigen: renshi, kyōshi und hanshi*
shōmen	正面	Vorderseite, vordere Seite, Front, Kopfvorderseite

shōmen ni rei	正面に礼	Verneigung zur Vorderseite (shō-men) *An der Frontseite eines traditionellen Budō dōjō befindet sich in der Regel ein kleiner schintoistischer Hausaltar (kamidana), ein Rollbild mit japanischen Schriftzeichen oder ein Bildnis des Begründers. Mit der Verneigung davor bezeugt man seinen Respekt vor der Lehre der jeweiligen Budō-Kunst.*
shōmenuchi	正面打ち	Schlag/Schnitt zur Kopfvorderseite
shōsho	証書	Urkunde, Bescheinigung, Dokument, Zeugnis, Diplom, Zertifikat
shōtō	小刀	*wörtlich:* kleines/kurzes Schwert *Oberbegriff für japanische Kurzschwerter. Zum Beispiel: wakizashi.* Siehe: *kogatana*
shu ha ri	守破離	*wörtlich:* bewahren/ einhalten – zerreißen/ (zer)brechen – sich entfernen/ sich trennen/ verlassen, *behalten/ lernen – zerbrechen/ infrage stellen – verlassen/ verstehen* *Shu ha ri beschreibt die drei klassischen Trainingslevels:* *shu ist das Übungslevel in dem der Übende dem Lehrer vertraut und gehorcht und die Prinzipien solide lernt.* *Ha ist das Level in dem eigene Ideen in das Gelernte einfließen und die Techniken entwickelt werden.* *Ri ist das Level in dem der Übende über das Gelernte der ersten zwei Level hinauswächst, neue Techniken entwickelt und einen neuen persönlichen Stil etabliert.*

shushin	主審	Hauptwettkampfrichter *mittlerer Kampfrichter des dreiköpfigen Kampfrichterteams.*
shutsujō	出場	*wörtlich:* Auftreten, Teilnahme, *den Vorführplatz betreten*
sō	総	vollständig, ganz, komplett, alles Siehe: *ZNKR kata sōgiri*
soeru	添える	zusammenbringen, verstärken, sich anschließen Siehe: *ZNKR kata soetetsuki*
soetetsuki	添え手突き	Stich mit angelegter Hand Siehe: *soeru, tsuki,* *ZNKR kata soetetsuki*
soetetsuki no kamae	添え手突きの構え	*wörtlich:* Haltung zum Stich mit angelegter Hand *Haltung vor dem Stich bei der ZNKR kata soetetsuki.*
sōgiri	総切り	alle Schnitte, vollständige Schnitte Siehe: *sō, kiru, ZNKR kata sōgiri*
sōgo no zarei	相互の座礼	gegenseitiges Verneigen im seiza *Formelle sitzende Begrüßung der Kämpfer in Pool oder im Einzelkampf, der Prüflinge oder enbu-Teilnehmer eines Durchganges.*
sonkyoshisei	蹲踞姿勢	*wörtlich:* Hockhaltung *Endhaltung z. B. bei tsukaate, dabei wird der vordere Fuß an den hinteren gezogen, die Hüfte wird bis knapp über die hintere Ferse abgesenkt und das andere Knie bleibt am Boden.*
sori	反り	Krümmung der Klinge *Im Iaido sind 0,6 Zoll üblich.*
suburi	素振り	*wörtlich:* schwingen *Übungsform von vielen Wiederholungen von Schnitt- Stoß- und Stichtechniken in verschiedenen Varianten.*

suichoku	垂直	vertikal, senkrecht
suigetsu	水月	*wörtlich:* Wassermond Solarplexus
suihei	水平	horizontal, waagerecht
suki	隙	*wörtlich:* Lücke, Spalt, Zwischen- raum, Schwäche, Blöße *Lücke in der Bewegung bzw.* *günstige Gelegenheit den Gegner* *zu treffen.*
sumimasen	済みません	Entschuldigung, danke *Wird benutzt, um Aufmerksamkeit zu* *erregen. Entschuldigung dass man* *Umstände bereitet.*
sunegakoi	脛囲	Schienbeinschutz, Block zum Schutz des Schienbeines
suriashi	摺足	gleitende Fußbewegung, *ohne den Bodenkontakt zu verlieren* *Suriashi ist ein wichtiges Element für* *die Fußtechniken: ayumiashi,* *okuriashi und tsugiashi.*
tabi	足袋	Japanische Socke *Schnallensocke mit abgeteilter gro-* *ßer Zehe*
tachi	太刀	*wörtlich:* langes/großes Schwert *Japanisches Schwert, das mit der* *Schneide nach unten zeigend an der* *Hüfte getragen wurde. An der saya* *sind zwei Metallmontierungen ange-* *bracht für Tragbänder, die wiederum* *an einem dünnen Gürtel befestigt* *wurden.*
tachi iai no bu	立ち居合の部	*wörtlich:* stehender Iaidō Teil *die Techniken werden aus dem* *Stand heraus begonnen.*
tachiagarikata	立ち上がり方	Art und Weise aufzustehen *Von seiza in keitōshisei.*

tachiai	立会い	*wörtlich:* Zeuge *Ansager bei einer enbukai*
tachirei	立ち礼	Verneigung im Stehen
tachiwaza	立業	*wörtlich:* stehende Technik *Techniken werden aus dem Stand heraus begonnen.*
tai no sen	待の先	wörtlich: schneller, früher *Schneller treffen als der Gegner seinen Angriff ausführen kann.* Siehe: *mittsu no sen, go no sen, sen*
taijō	退場	*wörtlich:* abgehen, verlassen *Verlassen der Wettkampf-, Prüfungs- oder Vorführungsfläche.*
taikai	大会	*wörtlich:* großes Treffen, Versammlung, Sportfest
taisabaki	体さばき	*wörtlich:* Körperbewegung, Körpereinsatz, Drehung, Positions- und Richtungsänderung
taishō	大将	*wörtlich:* General *hauptkämpfender Teamleiter, letzter Kämpfer im Team*
taitō	帯刀	*wörtlich:* im obi eingesteckt getragenes Schwert *Aufforderung, das Schwert in den obi zu stecken.*
taitōshisei	帯刀姿勢	*wörtlich:* Schwerttragehaltung *Stehende Haltung mit im obi steckenden Schwert, die rechte Hand an der rechten Körperseite hängen lassen.*
tameshigiri	試し切り	*wörtlich:* Probeschnitt, Schnittprobe, Versuchsschnitt, Schnitttest *Testschnitt an Strohrollen, um die Qualität eines Schwertes oder die Fähigkeit des Übenden zu prüfen.*

tanden	丹田	Bereich des Unterbauches unterhalb des Nabels *Es heißt, dass dieser Körperbereich besonders wichtig für innere Ruhe, Vitalität und rationale Reaktionen ist.* Siehe: *seika tanden*
tandenkokyū	丹田呼吸	Bauchatmung
tantō	短刀	japanisches Schwert *kürzer als 30 cm*
tatehiza	立膝	*wörtlich:* aufgestelltes Knie *Auf der linken Ferse sitzend, rechter Fuß ist aufgestellt.* Siehe: *iaihiza*
tatehiza no bu	立膝の部	tatehiza-Teil *Techniken werden aus dem tatehiza heraus begonnen.*
te	手	Hand Siehe: *ZNKR kata morotetsuki, soetetsuki*
teki	敵	Gegner, Feind Siehe: *aite*
teki o taosu	敵を倒す	den Gegner besiegen, niederstrecken
tekisei na shisei	適正な姿勢	angemessene *körperliche und geistige* Haltung *eines Wettkampfrichters* Siehe: *tekiseikōhei*
tekiseikōhei	適正公平	angemessen und unparteiisch *Eigenschaften, die bei einem Wettkampfrichter vorausgesetzt werden.*
tekubi	手首	Handgelenk
tenohira	手の平	Handfläche
tenokō	手の甲	Handrücken

tenouchi	手の内	*wörtlich:* in der Hand, *auch:* Fähigkeit, Können *Der allgemeine Einsatz der Hände am Schwert. Das Straffen und Lösen des Greifens. Das Einstellen der Balance zwischen beiden Händen.*
tenugui	手拭い	Handtuch, Baumwolltuch, Schweißtuch
tokeigakari	時計係	Zeitnehmer
tokeigakariki	時計係旗	Fahne des Zeitnehmers *um Zeitüberschreitung anzuzeigen (gelb)*
tōrei	刀礼	zum Schwert verneigen Siehe: *reihō*
tōreitaitō	刀礼帯刀	*wörtlich:* Schwertgruß *um im obi eingesteckt getragenes Schwert zu erreichen* *Aufforderung, den Schwertgruß durchzuzühren und das Schwert in den obi zu stecken.*
tōsei	刀精	Schwertkraft, Schwertenergie
tsuba	鍔	Stichblatt
tsubamoto	鍔元	*wörtlich:* Stichblattbasis *Stelle, an der sich Stichblatt und Klinge berühren.*
tsugiashi	継ぎ足	*wörtlich:* der nachfolgende Fuß *Der hintere (meist der linke) Fuß wird vorwärts bewegt, ohne den vorderen zu überholen, sofort folgt ein größerer Schritt mit dem vorderen (meist dem rechten) Fuß.*
tsuka	柄	Schwertgriff
tsukaate	柄当て	Stoß mit dem Griff Siehe: *tsuka, ateru,* *ZNKR kata tsukaate*

tsukagashira	柄頭	Griffende
tsukaito	柄糸	Wicklungsband *Material der Wicklung für den Griff, traditionell aus Seide. Heute wird meistens Baumwolle und manchmal auch Leder verwendet.*
tsukamaki	柄巻	Griffwicklung *Am verbreitetesten sind hinerimaki und katatemaki (Kampfwicklung).*
tsuki	突き	Stoß, Stich Siehe: *ZNKR kata morotetsuki, soetetsuki*
uchi	打ち	Schlag Siehe: *uchidachi, nukiuchi, ZNKR kata nukiuchi, tachi uchi no kurai*
uchidachi	打太刀	*wörtlich:* schlagendes, angreifendes Schwert *Person, die bei Partnerübungen mit bokken die Rolle des Lehrenden übernimmt (z.B. beim tachi uchi no kurai).* Siehe: *shidachi*
ude	腕	ganzer Arm
ue	上	oben
uke	受け	Verteidigung, Empfänger von Techniken *in budō* Siehe: *ZNKR kata ukenagashi.*
ukenagashi ni furikabutte	受け流しに振りかぶって	*wörtlich:* parierend schwingen *Fließende Bewegung des Ausholens mit der Idee eines parierendem Abgleitenlassen des gegnerischen Schwertes.*

ukenagashi, ukenagasu	受け流し, 受け流す	empfangen oder parieren und abfließen lassen, ausweichen, beiseiteschieben, fließende Verteidigung *Technik in der der gegnerische Schnitt mit der shinogi des eigenen Schwertes abgelenkt wird.* Siehe: *ZNKR kata ukenagashi*
ura hanami	裏刃並	äußere Schnittlinie *wörtlich: äußere Klinge Hanami bezeichnet die Schnittlinie entlang der Klingenseite z.B. bei schrägen (omote hanami und ura hanami) sowie bei horizontalen Schnitten.* Siehe: *hasuji, hanami, omote hanami*
ushiro	後ろ	hinten, Rückseite, Hinterseite, rückwärtige Richtung Siehe: *ZNKR kata ushiro*
ushiroashi	後ろ足	der hintere Fuß, das hintere Bein
utsu	打つ	schlagen, klatschen, klopfen, hämmern Siehe: *uchi, uchidachi, nukiuchi, ZNKR kata nukiuchi*
wakarimasen, wakaranai	分かりません, 分からない	ich habe nicht verstanden, ich weiß es nicht
wakarimashita	分かりました	ich habe verstanden
wakigamae	脇構え	seitliche Position, seitliche Haltung *Wesentlich ist dabei, dass die Klinge für den Gegner nicht sichtbar ist. Es gibt Unterschiede im Neigungswinkel der Klinge, die von der jeweiligen Kampfkunst oder den unterschiedlichen Schulen abhängt.*
waki no kamae	脇の構え	Siehe: *wakigamae*

wakizashi	脇差	japanisches Schwert *länger als 30 cm aber kürzer als 60 cm*
waza	技	*wörtlich:* Technik, Geschicklichkeit, Fähigkeit, Kunstfertigkeit *Schnitt-, Stoß- oder Stichtechnik im laidō.*
yagai de no torei	野外での刀礼	*wörtlich:* Schwertzeremonie im Freien *Verneigung vor dem katana im Freien bzw. im Stehen.*
yame	止め	Ende, halt, stopp, aufhören *Kommando:* Stopp!, Aufhören!
yari	槍	Speer, Lanze, Spieß
yasurime	鑢目	Feilzeichen *an der Schwertangel*
yōgi	要義	das Wesentliche, der Punkt, die Essenz
yoi	よい	*Aufforderung, sich vorzubereiten. Dieser Ausruf wird beim gemeinsamen Üben benutzt, um alle Übenden auf den Beginn der kommenden kata oder einer anderen Übung einzustimmen.*
yokochiburi	横血ぶり	*wörtlich:* seitliches abfallen bzw. abregnen lassen *Kurzform für migi ni hiraite no chiburi. Bewegung zur Seite um die Klinge zu säubern.*
yokomenuchi	横目打ち	Schlag bzw. Schnitt zu einer Kopfseite
yokote	横手	*wörtlich:* neben *Grat zwischen hiraji, ha und bōshi.*
yondan	四段	vierter Rang, vierte Stufe, vierter Grad
yonhonme	四本目	vierte Form

yubi	指	Finger, Zehen
yukkuri	ゆっくり	langsam
zanshin	残心	*wörtlich:* fortdauerndes/ fortwähren-des Gefühl, fortdauernde Aufmerk-samkeit, fortwährende Geistes- und Sinnesschärfe, auf der Hut sein *Zanshin beschreibt die geistige Be-reitschaft und Sinnesschärfe auf einen erfolgenden Gegenangriff. Die körperliche und geistige Hal-tung, in der der Übende selbst nach einem vermeintlichen Sieg über den Gegner noch immer wach und kon-zentriert mit aller Kraft und ohne Zö-gern auf jeden weiteren Gegenan-griff reagieren könnte. Es ist ein we-sentlicher Aspekt im Iaidō nach dem Besiegen des bzw. der kassoteki eine gute und respektvolle innere und äußere Haltung zu zeigen.*
zarei	座礼	Verneigen im seiza *Formelle Begrüßung im Sitzen.*
zarei no shisei	座礼の姿勢	*wörtlich:* Haltung zum Verneigen im seiza *Körperhaltung bei der Ausführung der Verneigung im seiza.*
zekken	ゼッケン	Startnummer *(bei Prüfungen)*, Rü-ckennummer Siehe: *nafuda*
Zen Ken Ren Iai	全剣連居合	Iaidō der ZNKR *Kurz: ZNKR-Iai*

Zen Nihon Kendō Renmei, ZNKR	全日本剣道連盟	Gesamtjapanischer Kendō-Verband

Zen Nihon
Kendō Renmei,
ZNKR

全日本剣道連盟

Gesamtjapanischer Kendō-Verband
Kurz: ZNKR
Englisch: All Japan Kendō Federation, AJKF
Diese Organisation repräsentiert Kendō, Iaidō und Jōdō in Japan und Übersee und wurde 1952 gegründet. Ziel ist es den Geist des Kendō, Iaidō und Jōdō möglichst vielen Menschen nahezubringen und zu kultivieren.

zenpō

前方

Vorderseite

zori

草履

wörtlich: Fußkleidung aus Gras
Sandalen (oft aus Kunststoff)

5 Quellenverzeichnis

- Japanese-Engllish Dictionary of Kendō, All Japan Kendō Federation, Pritech Co., Ltd., 2nd Edition August 2011
- Japanische Sprache und Fachbegriffe im Iaidō, Deutscher Iaido-Verband e.V., 1997
- Großes Japanisch-Deutsches Wörterbuch, Kinji Kimura
- Wörterbuch der deutschen und japanischen Sprache, Japanisch-Deutsch, Sansyusya, 1980
- Langenscheid Universal-Wörterbuch Japanisch, 2003

6 Dank

Mein Dank geht an Personen, ohne die dieses Werk nicht vollendet werden konnte:

Dies sind meine Kollegen des Komitee des Deutschen Iaido Bund e.V.:
Sylvia Ordynsky und *Henry Schubert*, die mit ihren umfangreichen Japanisch-Kenntnissen immer wieder Missverständnisse ausräumen und für Klarheit sorgten sowie *Rudi Müller*, der unermüdlich recherchiert und mehrfach Korrektur gelesen hat.

Darüber hinaus *Prof. Noboru Miyazaki*, der mir in besonders schwierigen Fragen fantastisch weitergeholfen hat.

Sowie *Yuki Kanto*, die mir ebenfalls Licht in das eine oder andere Dunkel geben konnte.